皮膚はいつもあなたを守ってる

不安とストレスを軽くする「セルフタッチ」の力

山口 創

草思社文庫

はじめに

自分の中に安全基地を作る。

あなたは心の中に、ホッと安らぐことができる安全基地を持っていますか？　人は心の中に安心できる基地を持っていないと、日々のストレスや不安を癒やすことができないばかりか、何か新しいことをやってみよう、という気持ちも生まれません。

赤ちゃんにとって、いつでも自分を守ってくれる人という安全基地が必要なのと同じように、成人にとって心が安心していられるためには、自分の中に安心できる基地が必要なのです。そこに戻ることができれば、ストレスや不安は癒やされて自分の心をリセットすることができるのです。

まずは環境を整えることが必要です。安全な環境でなければ、心の安心は得られません。家のお風呂でも、オフィスのトイレでも、喫茶店でも公園のベンチでもどこでもかまいません。心の安心が得られる場所を見つけましょう。

それが見つかったら、そこで自分の顔や肩、腕、胸などにゆっくり触れてみてください。

悔しくて歯を食いしばっている人は、自分の顔に触れることでそのことに気がつくはずです。毎日緊張やストレスが続いていた人も、肩や胸のあたりに手を当てることで、そこが強張《こわば》っていたことに気づくはずです。体の強張りは心の強張りです。体の強張りにそっと手を当てて緩めてあげましょう。心も緩んできます。

次に自分を抱きしめてあげてください。これは比喩的な表現ではなく、実際に行動して抱きしめることが大事です。皮膚を柔らかく温かく包み込むように刺激してあげると、心は優しさに包まれるでしょう。それが心の安全基地となるのです。

心に安心基地を作るためには、皮膚に触れる必要があります。「皮膚は露出した脳」とも言われるように、皮膚の感覚自体が心を作るからです。

子どもの頃に、近所の雑木林や庭に秘密基地を作ったことはありませんか？

　現代では、家の中にカーテンなどで小さなテントを張ったりして作る子もいるかもしれません。小さい子は成長するにつれて、親の目の届かないところに自分だけの居場所を作って、冒険したいのです。しかしそれは、同時に不安との闘いでもあります。そんなとき、子どもは大好きなぬいぐるみなどを一緒に秘密基地に持っていきます。

　ひとりぼっちのときも、知らない人に会うときも、ぬいぐるみが一緒にいてくれれば安心していられるのです。ぬいぐるみは実際に手で触れたり抱きしめたりしてあげないと、安心効果は発揮されません。ぬいぐるみのモフモフとした触感が、心を安心させてくれるのです。

　そして成長すると、そのようなぬいぐるみを手に持たなくても、子どもの頃に作った心の安全基地の感触を思い出して、安心していられるようになります。

　心に安全基地を作ったからといって、そのことで直接問題が解決することはないかもしれません。しかし乾き切った心を潤してくれて、それでも大丈夫だと慰めてくれたり、問題に立ち向かっていく勇気を与えてくれたりすることもあるでしょう。皮膚に潤いが必要なのと同じように、心にも潤いが必要なのです。

本書ではそのような観点から、自分の体（皮膚）を通して自分を慈しみ、ストレスに負けないしなやかな体と心を育む方法について、いろいろな角度から紹介していきます。

日頃から皮膚に意識を向けて慈しんでいくと、自分に対して優しく温かい気持ちが芽生えてきます。それが心の安全基地の種になります。そして、次第に心の中に安全基地が芽生えてくるとどうなるでしょうか。もし他人に嫌われてもまったく気にならなくなります。他者との比較ではなく、自分の中に安心していられる場所が生まれるからです。また現状に不満があれば、勇気を持ってそれを変えていくことができるようになるでしょう。ストレスや不安があっても、帰ってくる確固たる場所が心の中にあるからです。

さあ、子どもの頃のように心の安全基地を持ちながら、ワクワク・ドキドキする人生を楽しんでみましょう。人生を心から楽しむためには、いつでも帰って来られる心の安全基地が必要なのです。

自分の皮膚に触れるという、原初的なコミュニケーションは、心に安全基地を作ってくれます。それは、これからの時代の荒波を乗り越えていくためのアンカー（錨）になってくれるでしょう。

皮膚はいつもあなたを守ってる◉目次

2章◎自分を愛するセルフタッチ

3章◎あなたをストレスから守る皮膚の力

4章◎幸せはいつも皮膚から生まれる

本文イラスト◎佐々木一澄

1章◎人はみな「ひとり」から始まる

触れ合いの制限で気づかされたもの

揺らぐ心の安全基地

時代は大きく変わろうとしている。

そして社会も人の価値観も大きな変化の渦中にある。

私たちはそのような変化を受け入れなければならないが、それに踊らされたり、その波に押し流されてどこかへ連れて行かれてしまうのは避けないといけない。

時代の波は私たちをどこに連れて行くかもわからない。時代の変化の真っ只中にいると、つねにそれに飲まれて自分を客観視できなくなり、そして気がつくと自分が目指していた地点とはまったく違うところに連れて行かれるかもしれない。

時代が変化すれば社会の価値観も大きく変わる。自分の価値観と社会の価値観が合っているうちは適応できても、社会の価値観がコロコロと変わってしまうと、自分の価値観とズレてしまう。社会に無自覚に踊らされ、何を信じていいのかわからなくなりがちな時代に私たちは生きている。

このような価値観が目まぐるしく変わる社会では、人は幸福を感じられないという研究結果がある。そうだとすれば時代に踊らされるのではなく、自分の中にしっかりとした心の安全基地を持ち、つねにそこに戻りながら社会に適応するという視点が必要だと思う。

そのためのキーワードが身体である。

自分の呼吸や姿勢、そして顔の表情、皮膚などの身体の感覚をアンカーとして自分を理解する。これは自分の身体につねに立ち返りつつ、身体とつながりを持って交流することでもある。

こうして深く豊かで繊細な身体の感覚と通路を開いて交流するようにしていると、身体はこれまでの他者や社会からの圧力といった外側からのくびきから解き放たれて自由に動き出し、主体性を取り戻す。

自分の心を知るための二つの手がかり

心理学者ベムによると、人は自分の心を知るために二つの手がかりを参照しているという。一つは呼吸や筋肉の感覚、心臓の鼓動など、自分の内部に目を向けて自分の内面を感じ取るという「内的な」手がかりである。だから自分以外の他者がそれを知ることはできない。

そしてもう一つは、自分の行動や周囲の状況、他人の反応などの「外的な」手がかりである。こちらは、外に現れる行動やそのときの状況など目に見えるものなので、自分以外の他者もその手がかりを参考にして、その人の心を推測することができる。

そしてベムは、人は自分自身の心を知るときに、「内的な」手がかりから直接的に心を感じるよりも、「外的な」手がかりによる観察を通して知る場合が多いことをいくつかの研究で証明している。

私たちの行動というのは、そのほとんどが無自覚のうちに行っている。笑ったり、怒ったり、驚いたり、といったさまざまな行動は、「笑おう」などと考えてから行っているのではない。むしろ身体の無意識的な反射としての側面がある。そしてなぜそのような行動を取ったのか、という理由づけは脳があとから行っている。脳は自分が取った行動を見て、あとから合理的なストーリーを与えるのが好きなのだ。たとえば、「思わず涙が出てしまった」とか「ドキドキしている」自分を感じると、「悲しいから泣いた」というストーリーを作って納得するのだ。

このように自分の心を他人の心のように、「外的な」手がかりをもとに理解する傾向は、ここ数十年の間に急速に高まったと思う。

なぜなら私たちは幼少期から、身体や行動を、外側からの視点で理解するように育てられてきたからだ。体重計で体重を量るとか、体温を測って記録したり、かわいくなろうと髪型や化粧に余念がなかったり、100m走は1位になりたいとか、マッチョになりたい、といったことだ。このように自分の身体であるにもかかわらず、外側からの視点でしか理解できないというのは、あまりに偏った理解ではないか。外側からの理解には、必ず外的な基準が伴っている。体重は○kg以下になりたいとか、流行りの髪型にしたい、というように、外的基準をもとにしてそれと自分の身体を比較してしまう。するとたいていの場合は、現実の身体は理想的な基準に達していない。

自分の顔を鏡で見せたときの感想を聞いてみる実験がある。するとほとんどの人は、「最近、老けたなあ」とか「疲れた顔をしているなあ」というようにネガティブな評価をするそうだ。すると自分の身体を否定し、身体の感覚も矮小《わいしょう》化されていく。文化的、あるいは医学的に決められた外側にある基準が絶対的に正しい基準であり、それに達していない自分の身体はダメな身体として否定されてしまうのである。それでは自分の身体を慈しむこともできない。

こうして身体を外側から理解するにつれて、自分の行動も外側から理解するようになる。「なんで泣いてるの?」と聞かれて、「泣きたかったからだよ」と言っても理解してもらえないので、「友達にいじわる言われた」というように、外側から見て理解できる合理的な理由を探すようになるのだ。感覚や感情といった曖昧なものよりも、論理や理屈が求められる近代社会では、自分がした行動は自分の責任で客観的に説明するように子どもの頃からしつけられる。それは自分の心の内側からの理解ではなく、外側からの理解だといえる。

私たちは縛られて生きている

次に対人関係に目を向けてみよう。今の時代、次から次に新しい価値観が生まれている一方で、人との関係性となると、まだまだ会社や家庭に縛られて生きている人が多いように感じる。「家」の意識のために「介護は女性がやるべきだ」といった考えや、「女性」であるために口に出して言えずに我慢していること、逆に「男性」であることをプレッシャーに感じながら生きている人も多い。「弱音を吐いてはいけない」「我慢しなければ」とじっと耐え忍んでいる男性も多いだろう。

暗黙の了解とか忖度《そんたく》という見えない檻《おり》に入れられて、いやむしろ無意識のうちに自分で檻に入ってしまい、窮屈なつながりしか体験できない人は多いだろう。人とのつながり方の手段は多様になったにもかかわらず、どこにでもついて回ってくる文化的なスキーマ（枠組み）という檻に自ら閉じこめてしまうのだ。コロナ・パンデミックなど何か大きな出来事があったときに、これらのスキーマは顕在化する。

このような「縛り」に閉じこめられてしまう人は、「～でなければならない」「～しなければならない」という、いわゆる「べき思考」が強い。そのため、コロナによって生活様式が急速に変化するような状況には適応しにくく、ストレスをためやすいといえるだろう。

ストレスをためない人の特徴

コロナの感染状況の悪化に伴う自粛要請の期間中、「コロナ離婚」という言葉が流行った。一日中夫婦で一緒に過ごすことで、相手の悪い面が如実に現れた結果、離婚に至るカップルが増えている、と言われた。しかしきちんとした統計をとって調べてみると、むしろ逆に大幅に減少していることがわかった（厚労省調べ）。２０２０年１～６月に離婚した夫婦は10万１２２組となり、前年同期比でみると１万９２３組（９・８％）減ったそうだ。

著者も自粛期間中にアンケート調査を行い、コロナ禍で感じるストレスや不安と、日常生活の行動、ストレス解消のためにしていることなどの関係について調べてみた。

表1　コロナ禍でストレスをためない人、三つの特徴

セルフ	自分のための時間を過ごす：料理やアロマなどの趣味の時間を持つようにした
	自分の1日の行動をスケジューリングしている：コロナ以前の生活を順守しようと努力する
身体	身体的な活動をする：ヨガや瞑想、ストレッチをする、散歩や運動をする
	身体のケア：ゆっくり風呂に入る、マッサージなど
人との交流	友人との時間を過ごす：オンラインやSNSで友人とコミュニケーションをとる、子どもと遊ぶ
	家族で関係性を調整する：リモートワークができる空間や一人になれる時間を確保したりして、時間と空間をうまく調整しながら家族関係を調節

その結果も、確かにコロナ禍でストレスが増えたと回答した人もいた一方で、「コロナで会話が増えた」「一緒にいる時間が長くなり、お互いに理解できるようになった」などの声も多く聞かれた。

このように、環境の変化にうまく適応できた人とできなかった人がいた。

アンケートの結果、ストレスがあまりなかった人の特徴は、大きく三つのタイプに分けることができた（表1）。

そこに共通する要素を探ると、「セルフ」「身体」「人との交流」の三つに分けられるようだ。

外からではなく内側から自分を感じる

まずセルフというのは、これまでは「他人に頼らず、自分でできる」、という、セルフケアやセルフコントロールの意味で使われることが多かった。もちろんこれからの社会では、そのような意味での重要性はますます高まってくる。先にあげたアンケートでいえば、「自分の1日の行動をスケジューリングしている」というのに該当する。

しかし、もう一つここで言いたいセルフの意味は、「自分自身とのコミュニケーションをとる」、ということである。先のアンケートでは、「自分のための時間を過ごす」に該当する。これはセルフケアやセルフコントロールのように、現代の社会で求められる価値観に合わせることではなく、自分の内から湧いてくる楽しさや面白さを基準に自分で決めてやる行動である。このように自分の内側に目を向け、内的な側面とコミュニケーションをとりながら、本来の自分を大事にしながら生きる、という生き方もまた、これからの時代に大事になってくると思う。

そのためには、先に述べたように「内的な」手がかりに目を向けることだ。それは身体を内側から見る視点である。他者に見られる身体ではなく、自分の内側から感じる身体であり、他者に評価される皮膚ではなく、自分自身が感じる皮膚を重視することでもある。そのような視点は、ストレスに対するセルフケアにもつながり、日常よくあるストレスに対しては、その日のうちに自分でケアすることができるようになる。そして身体を内側から感じることは、対人関係にとっても大事な視点を提供することになる。

人間以外のほとんどの動物は、「自己」の意識を持たないため、自分の行動を客観的に見て理解したり、状況から判断することはない。そして自分の感覚に従って行動している。ダイエットして健康になろう、と考えて食べるのを控えるのではなく、体が食べるのを受けつけなくなるから食べるのをやめる。人間も本来はそのような感覚に基づいた行動をしていたはずが、脳が発達してしまったために、知識や他人の目を気にしながら行動をするようになったのだ。

しかしここで一歩立ち止まって、これからの私たちの行く末について考えてみたい。私たちが本来持っている内的な感覚を取り戻すことで、他人や社会からの同調圧力を受け流して、本来の自分らしく生きることができると思うからだ。

そこで、本来の自分を取り戻すために、身体が取り持つ原初的なコミュニケーションの役割について紹介しよう。原初的なコミュニケーションは、まさに感覚的なものであり、無意識のうちに本能的に行っている他者との交流である。その一端を紹介しよう。

出会いの場で起こる原初的なコミュニケーション

握手のあと匂いを嗅ぐ人たち

西洋では出会った人と握手をする習慣がある。人が握手をするのは、もちろん緊張を解いて仲良くなるためであるが、実は相手と無意識のうちに体臭を交換して、相手をより深く知るためであるという。

イスラエルのフルーミンたちのグループは、200人以上の見知らぬ人同士の握手を撮影したところ、その半数以上の人は、握手のあとに握手した手で鼻に触れることを突き止めた。ただし、人はストレスを感じると顔などに触れるため、単に握手のあとに鼻に触れている可能性もある。そこでその可能性について確かめるため、彼らは次に、参加者の鼻の下に呼吸による空気の流れを測定する装置を装着し、握手のあとに鼻に触れているだけなのか、それとも本当に手の匂いを嗅いでいるのか確かめた。すると、握手した手で鼻に触れているときに息を吸い込んでいる人は15人中10人いることがわかった。多くの人はやはり握手した手の匂いを嗅いでいたのだ。

これについて彼らは、「握手は人間が無意識のうちに化学信号を検知するために行っている行為であり、他の動物たちが互いの匂いを嗅ぐのと同じく、コミュニケーションの手段なのかもしれない」と述べている。

五感の中でもとくに触覚と嗅覚は、生物にとって根源的な感覚で、感情を司る脳部位にダイレクトに届いて、自分でも気づかないうちに人の行動に影響を与えていることがわかっている。

著者もペットの犬をなでるときには、無意識のうちに必ず匂いも嗅いでいる。子どもたちの行動を見ていても、犬の体に顔を埋めたり、手で犬をなでたあとには、必ずといっていいほど手を顔に持っていっている。それは決して良い匂いだから嗅ぐわけではなく、ペットと一体化したいとか、より親しくなりたいという本能的ともいえるような動物的な欲求があるのだと思う。

人が他者と触れ合うとき、このような内的な「感覚」はとても大事な役割を持っていると思う。体臭という嗅覚刺激から、無意識のうちに相手への好意が変化することもわかっており、自分でも気づかぬうちに、その後の相手との人間関係に、ずっと影響を与え続けることになるのである。

触覚と親密感

次に触覚の役割についてみていこう。コロナ禍は、私たちがそれまで当たり前のようにしていた触れ合いのコミュニケーションの大切さに気づかせてくれることとなった。

日本人は昔から、握手や、ハグ、キスなどをあまりしてこなかったので大きな影響はないが、世界の多くの国々では、人と人とが仲良くなる手段をなくしてさまよっているように見える。

触覚の役割について研究した心理学者の松尾らの実験では、初対面の2者に次の3通りのパターンで出会ってもらった。

①「視覚だけの出会い」：話をせず、握手もせずに、相手を見るだけ
②「聴覚だけの出会い」：目隠しをして、握手もせず、声による挨拶だけ
③「触覚だけの出会い」：目隠しをして、話もせず、握手だけ

そしてそれぞれの場面で出会った相手に対する印象を評価してもらった。

その結果、「触覚だけの出会い」は親密感がもっとも高まることがわかった。また「信頼感」「温かい」といった印象ももっとも高まった。さらに「その人ともう一度会いたいか」という再会の希望を聞いたところ、やはり触覚だけの出会いをした人がもっとも高かった。信頼感を高めるホルモンとしてオキシトシンがよく知られているが、それは触れるといったスキンシップによってもっとも分泌される。

日本人は握手をする習慣を持たないが、それでも握手をすれば親しくなれることは欧米の人々と変わらないことがわかる。

触覚的なコミュニケーションは、なぜ信頼感を高めるのだろうか。それはまさに動物的ともいえるコミュニケーションだからだと思う。動物の世界では、「触れる―触

れられる」関係性というのは、信頼関係がしっかりと築かれている証拠である。まだ相手をよく知らない関係では、そのようなコミュニケーションは、いきなり攻撃されたり、食われたりする可能性もあり、危険極まりないからだ。だから相手を信頼できるからこそ、触れ合うことができると考えられる。もちろん人間は、触れ合わなくても、相手の外見や話す言葉などから信頼関係を築くことができるが、触れることによって得られる感覚的な部分での信頼感とはやはり質的にも異なるように思う。

少し話がそれるが、著者は最近、オンラインの取材が増えた。初対面の相手から質問を受けて答えていると、なかなか相手の「人となり」がわかりづらく、ただ表面的に答えてしまう傾向がどうしても出てきてしまう。一度でも会ったことがある人であれば、オンラインでも問題なく受け答えできるが、初対面の相手の場合との違いをかなり感じていた。某新聞社の記者と話したところ、彼も同様の違和感があると語っていたので、誰にでも起こることなんだと納得したことがあった。もちろんオンラインで初めて会った相手を信頼できないわけでは決してないのだが、やはり実際に会うことや触れることで得られる感覚的な信頼関係や親密感とは質的に違うもので、心理的な距離感やよそよそしさといった感覚を縮めることは難しいと感じた。

皮膚の温かさと心の安全基地の関係

触れ合いのコミュニケーションには、もう一つ大切な要素がある。有名なハーロウのサルの実験を紹介しよう。

アメリカの心理学者、ハーロウは1950年頃、実験に用いるマカクザルの感染症を防ぐために、衛生管理を徹底して単独で飼育していた。仔ザルは金属性の床の檻の中で単独で育てられると、生後5日以内に死亡することが多かったが、その理由がわからなかった。しかし、布で覆った針金の「代理母」を入れるだけで生きることができるようになることを発見した。このことから、「身体接触による安心感」が仔ザルの生存に不可欠であると考えて有名な実験を行ったのだ。

仔ザルの檻に哺乳瓶のついた針金製の人形と、布で覆われているが哺乳瓶のない人形を入れておいたのだ。するとミルクを飲むとき以外は、ほとんどの時間を布で覆われた人形にしがみついていることがわかった。このことから心の安全基地になるのは、ミルクをもらえるからというより、触れ合えることがより大切であることがわかった。

仔ザルはいったん布製の代理母が安全基地になると、そこを基点に次第に周囲の探索をするようになり、不安になると駆け戻って慰めを求めた。また代理母に細工をして、時に仔ザルを音や空気で脅して「虐待」をしても、仔ザルの愛着行動は弱まることはなく、場合によってはいっそう強くしがみつくようになった。

ハーロウたちは、代理母が持つ仔ザルにとって大切な要素は何か、さらに調べてみた。するとドライヤーで毛布を温めた場合には、そうでない場合よりもよくしがみついた。寂しいときに「人肌が恋しい」というが、仔ザルにとっても同じく皮膚で感じる温度も大切な要素だったのだ。

皮膚で温かさを感じると、人に優しくなれたり、自分自身にも優しくなれる作用があることも、以前の実験から明らかになっている。その仕組みは、脳の島皮質《とうひしつ》が、皮膚の温かさを感じると、人への温かい行動につなげるからだと考えられている。そしてそれは、赤ちゃんの頃に親に抱っこされた経験と関わっているという。つまり、不安や不快な気持ちで泣いているときに親に抱っこされると、温かい皮膚に包まれて安心する。その体験を繰り返すことで、皮膚の温かさと心の温かさが神経学的に結びつく。すると皮膚で温かさを感じると、心も温かくなるというわけだ。
実際、私たちも春のぽかぽかした陽気に誘われて外出すると、人々も皆陽気で話も弾むことが多い。逆に真冬の凍てつく寒さの中では、身も縮こまり、心まで閉ざされるような気がして、陽気な話をする気分にはなかなかなれないだろう。

このように、人と人の親密な交流を築くためには、触覚や匂い、温度感覚といった身体の感覚がその礎を担っていることがわかる。これらの感覚は視床《ししょう》という脳の最深部に位置する原始的な部位が司っており、そこが相手の身体から来る感覚によって「好き—嫌い」「合う—合わない」などの判断をしている。だから相手のことが好きだとか嫌いだといった判断は決して理性的にしているわけではなく、まさに身体による直感による判断であり、それに対して脳はあとからその理由を考えて説明しようとしているのだ。

同調圧力と身体の同調

ここまで述べてきたような、身体内部から起こってくる心の働きについて、今度は対人関係や社会との関係からみていこう。

人の身体は無意識に同調している

人はコミュニケーションするときに、自分でも気づかないうちに神経レベルで相手に同調していることがある。生理学の実験では、二人の人が互いにそばにいるだけでも、呼吸や心拍などが同調してくることもわかっている。そして二人がお互いの身体に触れるとさらに同調が強くなる。こうして互いの身体が似たリズムを刻むようになる。

このような身体の同調というのは、生まれつきのものである。生まれて間もない赤ちゃんは、空腹などの不快な感情を、養育者に抱っこされてあやされることで、少しずつ自分で鎮めることができるようになっていく。このとき赤ちゃんの身体の動きと、養育者の動きは実にうまく同調している。赤ちゃんの高ぶった自律神経の反応が、抱っこしている養育者のゆったりとした神経に同調して、赤ちゃんの神経は鎮まり落ち着きを取り戻すからだ。

このような経験を繰り返すことで、次第に今度は「泣くと怒られるから泣きやもう」というような判断に従って、自分自身で自分の神経をコントロールすることができるようになっていく。

他の人の神経に同調することは、相手の気持ちに共感するために大切な役割も持っている。実際に心理カウンセリングでも、カウンセラーはクライエントの身体に同調することで、クライエントの心をより深く理解することができる。しかしそれが強すぎてしまうと、他者の身体の動きから影響を受けすぎてしまい、自分自身の神経が本来持っている最適なリズムが狂わされるというトレードオフの関係にある。緊張している人と話をすると、こちらまで緊張してしまうという経験はないだろうか。同調しようとしなくても、身体は勝手に相手の神経と同調してしまうのだ。

そしてさらに、そのような神経レベルの同調が生じると、それは集団の中にも広がり、同調圧力となって私たちを操る目に見えない糸となってしまう。同調圧力は神経レベルの呪縛《じゅばく》であるから、自分の意思でそこから逃れることは容易ではない。

そこから逃れるためには、自分自身の身体の軸をしっかりと持つことが重要になる。そのためには、自分の呼吸や姿勢などの内部の感覚を意識して、自分の神経系の活動に気づくことが大事だ。

こうして過度な同調から逃れて自分の内部の感覚に意識を向けることで、人はそこにある自分の本当の心に気づき、自分を取り戻すことができる。

同調圧力の正体

次に、集団の中で生じる同調圧力について考えてみたい。

オキシトシンは、人との絆を強める作用を持つことで知られるようになったホルモンである。しかしよく調べてみると、誰にでも同じように絆を強めるのではない。とくに自分が属している集団、すなわち内集団に対してだけ絆を強めることもわかってきた。

たとえばヒヒの集団では、自分がいる集団の仲間同士では、頻繁にグルーミングを行ったり、食物を分け合ったりするが、違う集団の個体に対してはこのような行動はしない。それは限られた食物を仲間同士で分け合うことが、生き延びるために必要だからだ。そして集団の仲間同士でグルーミングを行うことで、集団内の絆を深めて団結力を強め、外集団との争いに負けないようにしているのだ。

このようにオキシトシンは内集団の絆を強めるように働いている。たとえばオキシトシンはある人物に出会ったときに、その人が内集団に属する人なのか、外集団に属する人なのかを判断するのに役立っている。そして内集団の人だと判断すると、相手の表情の微細な変化から相手の気持ちを読み取る能力が高まり、その人に共感し協力を促すように作用するのである。逆に外集団の人だと判断すると、非協力的な行動を取るようになる。こうして内集団の人同士は互いにわかり合い、互いに協力的になり、神経レベルでも同調が強まるのである。ただし、オキシトシンは決して外集団を攻撃したり憎んだりするような作用は持っていないことを補足しておきたい。

このような同調は、いわば無意識のうちに働いている自律神経の作用による、自動的な同調である。オキシトシンは、運動神経レベルでも無意識のうちに同調を促す作用がある。

たとえば米国の心理学者、アルエティたちの研究では、パソコンの画面上の課題を、ペアでやる場合と、一人でやる場合に分けて、さらにオキシトシンを吸入する場合と、しない場合で比べてみた。課題をペアで作業する条件では、一人はパソコン上で上下方向に移動するボタンを操作し、もう一人は左右方向のボタンを操作して、平行四辺形のような形をトレースしてもらうというものだった。このような課題は、通常は二人でやるよりも一人でやるほうが容易にできるものである。実験の結果、ペアでやるときにはオキシトシンの影響がみられ、二人の行動が同調して、一人でやるときと同レベルにまで正確になることなどがわかった（図1）。

オキシトシンは二人で行動するときに、行動レベルの同調を促すことがわかる。何度も言うがこれはつまり、自律神経ではなく、運動神経の動きであり、意識すれば自分の意思で変えられる行動である。論文の筆者たちは、同調する理由として、オキシトシンは、無意識のうちに相手の行動への注目を促すからだと考えている。つまりオキシトシンの作用で、相手がどのように行動しているかを注視するようになり、それに自分の行動を合わせようとするからであるようだ。

このように運動神経レベルでも同調が起こりやすいとすれば、そこにはメリットもあればデメリットもある。メリットは、たとえば餅つきのような作業をするような場合だ。餅をつく人と臼《うす》の中の餅を手でこねる人の息が合わないといけない。同調は一つの作業を皆でやるときには団結心を強め、効率を上げるというメリットがあろう。

しかしデメリットもある。たとえば内集団にいるときには、自分の本心に反して行為が同調しやすくなってしまうことだ。オキシトシンが多く分泌されていると、つねに他者の行動に注目するようになるため、自分の行動も他者に合わせてしまうようになる。たとえばまわりの人の姿勢、歩き方、歩くテンポ、話す口調、話す間合い、表情、物を丁寧に扱うか乱暴に扱うか、食事の仕方、立ち居振る舞い等々、数えあげるときりがない無数の行動である。こういった行動が集団内で似てくることになる。

こうして集団内の人々の行動が同調してくるとどうなるか。

図1　オキシトシンが同調を促す

形がモニターに現れる（点線）

参加者は一人で（ペアで）上下左右のキーを押し、点線をトレースする（実線）

参加者が描いた形と、元の形のズレを測定する

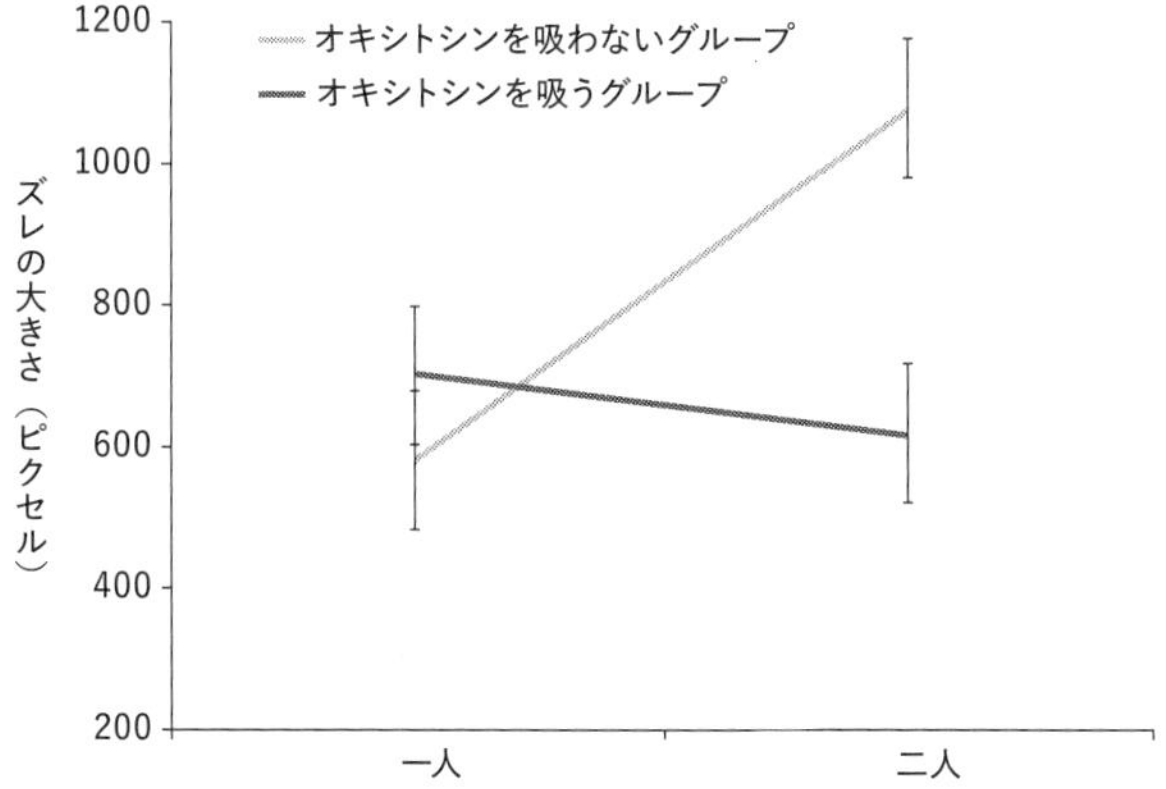

オキシトシンは一人でトレースするときには影響は与えないが、二人でするときには、同調を促し精度が高まった

Arueti,M. et al.(2013) より改変

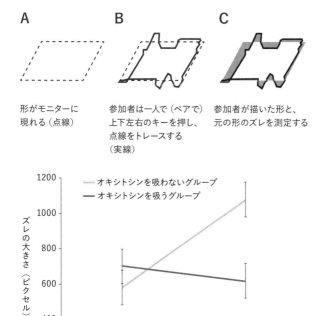

その集団内にいると、互いに似ていると感じられるようになり、居心地がよくなり、集団のことが好きになってくる。そしてメンバーが苦境に陥っているときには、利他的な行動が増えて自己犠牲的に行動するようになる。ここまではいいかもしれない。しかし集団のメンバーと違う意見を言ったり、違う行動を取ったりしにくくなってくるのは問題だ。

これが同調圧力というものの正体だろう。同調圧力は、同調するように誰かが圧力をかけてくるのではなく、無意識のうちに神経レベルで集団に同調してしまうため、「圧力」を受けているように感じてしまうのである。

このように、人は自分の身近な人を「内集団の人」として認知すると、身体が相手と自然に同調してしまうことになる。それが知覚されると、本来の自分が持つ快適なリズムとの間に違和感を生じ、それが「本当の自分」との乖離《かいり》を生んでしまうことになるのだ。

では、同調圧力からの影響を受け流して、本来の自分を保ちながら人付き合いするためにはどうしたらよいだろうか。

身体は今の心の状態を教えてくれる

そのためには、まず自分の身体の内部とコミュニケーションをして、身体がどのように反応しているか、感じ取ることが大切だと思う。

相手に同調して自分を見失った状態にあるときというのは、意識は外側に向いていて、「相手の本心はどうなんだろうか」「相手はどんなことを言ってくるだろうか」など情報収集に全力をあげている。

もちろんそれはすべて、生きるために必要なことだ。なぜなら野生動物は、身の危険を察知して、相手と戦って追い払うというように、生き延びるために外界の情報収集をするように進化したからだ。私たち人間も基本的に同じことをしている。

しかし現代の社会では、食うか食われるか、生きるか死ぬかという事態に遭遇することはめったにない。そのようなことは生涯に一度、経験するか否かというほどのわずかな確率でしか起こらないだろう。

だからそのようなときに本当に必要なことは、自分の本当の気持ちはこれだ、ということに気づけることだ。

そのためには、身体に聞いてみることをお勧めしたい。人間の身体は約38億年もの進化の歴史を経て適応した、自然が創り上げた芸術作品だと思う。最先端の科学のメスを入れても、まだ謎だらけだ。こんな不思議で魅力的で叡智《えいち》を持つものに私たちは生かされている。身体は、誰にとっても自分のもっとも愛すべき親しい友人だ。身体は付き合い方いかんで、さまざまな反応をしてくれる。大切に慈しむほど、快楽や喜びを返してくれる。逆に手をかけていないと、不調が出てきたり病気になったり、不快な状態を返してくる。もちろん、大切に扱っているのに病気になってしまうこともあるが、それは天命として受け入れざるを得ないこともあるだろう。たとえ天命には逆らうことはできなくても、命を全うするまでは、できるだけ身体を無二の友として慈しみながら付き合いたいものだ。

呼吸が教えてくれる本当の気持ち

身体を慈しみながら生きるというのは、身体感覚を内側から育てることでもある。たとえば読者の皆さんは、自分が今どんなふうに呼吸をしているか、意識したことがあるだろうか。呼吸というのはその人の心と一体であり、実に奥が深い。呼吸は普段はほとんど意識することはなく、体が自動的にしている反応だ。それは正常な呼吸をしているからであって、たとえば運動したあとや、咳やくしゃみ、食べ物にむせたといった異常が生じたとき、呼吸は前面に現れて意識に上がってくる。そしてそれが落ち着けばまた無意識に引っ込む。

この無意識に行っている呼吸に意識を向けるとどうなるだろうか。呼吸をコントロールしようとせず、自然な呼吸をただ感じてみよう。お腹が膨らんでは元に戻る感覚、鼻から空気が出入りする感覚、もう少し注意するとお腹と一緒に胸や肩も少し動いているのに気づくかもしれない。口が少し開いていることに気づくかもしれない。気づけることが重要だ。小さいけれど、これで身体感覚を育てる種を一つ播《ま》いたことになる。

次に、呼吸と自分の心のつながりに意識を向けてみよう。今している呼吸には、必ず理由があるからだ。

たとえば著者の場合、今、この原稿を書いているときに呼吸に意識を向けてみると、「いつのまにか胸で浅い呼吸をしているぞ。やっぱりかなり思い詰めていたんだ。少し呼吸をゆっくりしてみよう」というような具合である。こうして無意識の気づかなかった呼吸の仕方に意識を向けることで、身体は自分の心の状態について教えてくれるのである。呼吸をゆっくりしてみれば、体の緊張もふっと緩んで、心も自由を取り戻すことができる。

姿勢に「生きる姿勢」が表れる

次は姿勢だ。今皆さんは、どんな姿勢でこの本を読んでいるだろうか。

こんな問いかけをすると賢明な読者の皆さんは、「良い姿勢をとるのがいいに決まっている」と思われる方が多いだろう。だが著者が言いたいのはそういうことではない。自分がどんな姿勢をとっているのか、気づくことが大事なのだ。肩が上がっているとか、背中が丸くなっているといったように、鏡で見て外側から姿勢をチェックするのではなく、自分自身がとっている姿勢に意識を向けてみて、それに気づいてみよう。

そして次にその姿勢と、心のつながりに思いを馳《は》せてみてほしい。そこでまた別の気づきが出てくるはずだ。たとえば著者の例でいうと「無意識のうちに肩に力が入っているぞ。きっと頑張ろうと意気込みすぎていたんだ」ということに気づくことができた。そして首を2、3回ぐるぐるとゆっくり回して首の筋肉の強張《こわば》りを解いてみるのである。このようなことは、正解というのは存在しない。人によって気づくことが異なるし、対処する方法も異なるからだ。身体に聞いて、気持ちいい感じがするように動いてみるのが一番だ。

それではなぜ「正しい姿勢」という正解はないといえるのか。姿勢というのは、その人が置かれてきた過去の状況に適応するためにとっているという考え方もある。たとえば威勢よく胸を張っている姿勢は、社会の中で虚勢を張って強く見せたいためであり、猫背で下を向いている人は、エネルギーが低下しているために体の力をできるだけ使わずにエコでいるため、という解釈もできる。

そうであれば、その人が適応するためにとっている姿勢を無理に「正しい姿勢」に当てはめようとするのは、かえってよくないのだ。不登校や、うつで会社に行けない人が、胸を張って背骨をまっすぐにしなさい、と言われて、無理やりそのような姿勢をとったとしても、実際に家から出ると重圧に耐えきれずに元の姿勢に戻ってしまう。

万人にとって「正しい姿勢」などないのである。いわゆる「正しい姿勢」というのは、外から見て「美しい」とか、「元気そうに見える」というように、社会の価値観に従う形で鋳型が作られ、それをただ当てはめているに過ぎない。そうではなく、自分はどのような姿勢をとっているのか、自分で気づき、その意味を理解して、もし変えてみようと思うのであれば、体が快適だと感じられるように変えた結果が、本当の意味での良い姿勢だといえるだろう。

不安なとき、イライラするとき、ストレスを感じたとき、呼吸や姿勢に意識を向けてみよう。きっと身体はいろいろなことを教えてくれるに違いない。

あなたを守る皮膚の役割

身体の内部とコミュニケーションするもう一つの方法は、皮膚が教えてくれる。皮膚に意識を向けるやり方だ。

皮膚に意識を向けるといっても、これはなかなか難しい。皮膚だけに意識を向けることはほぼ不可能だからだ。たとえば顔の皮膚に意識を向けるといっても、結局は顔に意識を向けるのと変わりはない。皮膚に意識を向けるためには、皮膚に触れなければならない。皮膚は呼吸や姿勢と違って行動を指すのではなく、臓器自体の名称だ。そして皮膚に触れるとまたいろいろなことを教えてくれる。

人は不安やストレスなどを感じているとき、やはり皮膚の感覚も無意識の領域に退いている。そのようなときは、両手のひらをもんだり、手の甲をさすったりしてみよう。すると外を向いていた意識は、瞬時に触れた皮膚の感覚に移動する。そして「自分はここにいたんだ」という当たり前の事実を感じることになる。それは当たり前だから意味がないのではない。自分の実在感を意識することは、自分の存在感を確たるものにしてくれることになるのだ。このように皮膚に触れることは、外側に向かっていた意識のベクトルを自分の身体に戻す役割がある。

次に顔を手で触れて覆ってみよう。手のひらの温かさが顔に伝わり、顔のやわらかさが手に伝わるだろう。このように皮膚に触れると二重の皮膚が体験される。触れられている顔に意識を向けると、包まれるような安心感があるかもしれない。それに対して手に意識を向けると、顔の皮膚の性質を確かめるような感覚を感じるだろう。それは顔の皮膚感覚と、手の皮膚感覚では、機能が大きく異なっているからだ。

いずれにしても、意識は触れた手と触れられた顔の接する面に漠然と向くことになる。その感覚と心のつながりについて意識を向けてみよう。著者の場合だと「顔が温かくなって気持ちいいなあ。子どもの頃に親に触れられて安心した懐かしい感覚だ。今は外の世界では孤独に世間の荒波を渡っているようだ」などということを感じた次第である。胸、腕、お腹、脚などいろいろな部分に触れてみたが、いずれも自分の内面深くに意識が向かい、自分の過去の社会との関係や、築いてきた対人関係に思いが至るという共通点があるようである。皮膚は社会的臓器ともいわれるゆえんである。

このように皮膚は人の内部と外部を隔てる境界であるため、自己と外部が接する感覚を感知している。

そしてもう一つは体の前面に広がっている空間である、パーソナルスペース（ＰＳ）を意識することだ。ＰＳは、およそ体の前面の１ｍの空間であり、防衛機能を持つ領域である。ＰＳはコミュニケーションする相手によって伸縮する泡のような性質があり、親しい人とプライベートな話をする場合などには縮み、苦手な人や公的な話をするときには伸びて距離を取りながらコミュニケーションしている。それは相手によって適切な距離を取ることが快適だからであり、逆に不適切な距離ですするコミュニケーションは不快な気持ちや緊張が生じてしまう。

このようなＰＳの特徴を利用して、苦手な人と付き合う方法を考えてみたい。

この人とは「肌が合わない」とか「息が合わない」と感じるような人がいたとしよう。それは実際に相手の呼吸と自分の呼吸のリズムが合っていないのである。相手とＰＳが近づくと、自分の呼吸のリズムが相手と同調してしまい、それが違和感を生んでいるわけである。だからまずは、相手との間にＰＳをしっかり取るようにするといいだろう。すると相手の呼吸と同調しなくなり、自分を取り戻すことができる。
それでもPSを取れずに近い距離でコミュニケーションせざるを得ない場合もあるだろう。そういうときは、できるだけ自分の呼吸に意識を向け続けて、自分の呼吸のペースを乱さないことである。そうすれば苦手な相手であっても、自分を保てるため、なんとか付き合っていける余裕が生まれるはずである。

この方法は相手から同調圧力を感じて、つまり相手の言いなりになってしまい、自分を主張できないような場合にも有効である。PSをしっかりと保ち、自分の呼吸に意識を向け続けることは、自分軸を保ち同調圧力からも守ってくれる盾としての役割を持つに違いない。

これからの時代に必要なセルフの力

私たちのコミュニケーションの仕方は、大きく、しかも急速に変貌《へんぼう》を遂げようとしている。そこではオンラインやSNSのコミュニケーションが主流になり、対面のコミュニケーションは本当に会いたい人だけに限られるようになってくるだろう。そのような時代にあって、私たちが生きがいや人とコミュニケーションする喜びを感じ、幸福に生きていくためには、身体は極めて大切なキーワードになることは間違いない。しかもそれは、医療のように切り刻まれた身体ではなく、外側から見られる身体でもない。「内側から感じられる身体」という視点を持つことで、私たち一人ひとりが自らの命を慈しみながら充実した人生を生きることができるのだと思う。

そのためのキーワードは、「セルフ」である。この本ではセルフを二つの視点で考えている。一つはセルフケアである。これからの時代、さまざまな感染症を予防するためにも、健康寿命を延ばしてやりたいことをやりながら人生を全うするためにも、自分自身で自分の健康を維持・増進して、病気にかかりにくい身体を目指す必要がますます強くなる。

もちろん病気にかかってしまったり、元気がなくて自分ではどうしようもないときには、他の人から癒やしてもらったり元気をもらうことも大切である。しかし自分でできるセルフケアを続けながら、趣味を持って楽しんで生活していれば、免疫力が高まり小さな病気であれば自分で解決できるようになるだろう。

そしてもう一つはセルフコミュニケーションである。自分自身と対話すること、すなわち身体の感覚に耳を傾けることの大切さについて、再度ここで強調したい。

セルフコミュニケーションの視点

私たちの身体は、環境の変化によっていわば自動的に神経系が反応している。それはほぼ1秒にも満たない瞬時の反応であり、意識には上らず、コントロールすることもできない。いわば飛行機の自動操縦の状態である。そして心も同じく、身体の反応

図2　セルフケアとセルフコミュニケーションが大切

自分の身体は自分で守る
自分の身体の感覚に耳を傾ける

の結果として変化する自動操縦状態にある。意識をつねに自分の外側に向けて生活していると、「早く仕事を片付けなくては」「12時45分までに昼食を食べ終わらなければ」というように、絶えず目標との関係で自分の行動をコントロールしなければならなくなる。さらに「部長はこのプロジェクトを評価してくれるだろうか」「子どもはこのぬいぐるみを喜んでくれるだろうか」というように、つねに他者の気持ちに焦点を当てながら生活することになり、「相手を喜ばせること」「自分が嫌われないこと」という基準に合わせるように自分の行動を変えなければならなくなる。これでは人間の心は環境や社会に自動的に反応するだけの操り人形状態になってしまう。

神経系は環境の変化に自動的に反応する性質のものなので、コミュニケーションする相手の神経系にも自動的に同調してしまう。すると、本来の自分の神経系のリズムとの間に違和感が生じ、それが身体の違和感として感じられる。その結果、本当の自分とは違うと感じられ、プレッシャーを感じたり、生きづらさにつながってしまう人も多いと思う。それでも無理してそのような生活を続けていると、身体は本来持つリズムとの間にはっきりとした軋轢《あつれき》を生じるようになり、やがてそれがストレスとなって病気を発症してしまうことになる。

そのようなコミュニケーションから逃れる手っ取り早い手段として、オンラインもあると思う。しかしオンラインでのコミュニケーションにも注意が必要だ。その実態について、私たちが普段しているオンラインのコミュニケーションに孕む危険性をみていこう。

スマホを使いすぎるとうつが増える

米国の予防医学のトゥウィンジたちは、青少年のスマホの使用時間とうつの関連性に関する研究を発表した。

これまでも、うつと診断される10代が増加の一途をたどっていることが多数の研究で示されてきたが、スマホの使用時間とメンタルヘルスの不調についてはあまり分析されてこなかった。そこで4年もかけてカナダの子どもから青年約4万人を調査したのだ。結果、SNSであれ、動画の視聴であれ、ネットサーフィンであろうと、スマホ画面を見ている時間が1時間延びるごとに、孤独感や、寂しさ、絶望感といったうつ症状が高まることが明らかになったのだ。また調査対象のうち、とくに深刻なうつ症状を示していたのは女性と、社会経済的な立場が低い10代だった。

さらにスマホの使用時間といっても、実際には画面を通して視聴されるコンテンツによってメンタルヘルスに与える影響は異なっていた。たとえば、動画に登場する理想的な身体を目にすることで自分の身体への不満につながったり、SNSで自分を他人と比べることで自尊心が低下することもわかった。

スマホは今や誰でも日常で手放せないほど便利なものであり、著者も日々その恩恵を受けている。しかし10代というもっとも多感で人格もまだ形成途上の時期には、悪影響の大きさは十分に注意しないといけないことがわかる。

スマホが与えるメンタルヘルスへの悪影響をみると、外からの情報に目を奪われて本当の自分を見失ってしまうことから起きていることが原因だと思われる。

SNSのコミュニケーションでは癒やされない

一方で、対面のコミュニケーションには、うつの予防効果があることも示されている。対面で親しい人とコミュニケーションすると、オキシトシンが分泌されることは多くの研究結果からも示されている。オキシトシンが分泌されると、セロトニンも同時に増えてくる。つまり親しい人と近い距離で親密にコミュニケーションすることで、オキシトシンやセロトニンといった幸福ホルモンが増え、うつの予防につながるわけだ。またオキシトシンが分泌されると、過去のポジティブな記憶を思い出すこともわかっているし、他人のポジティブな表情を検知しやすくなる。

このような効果も重なって、うつの予防になるのだ。

逆に言えば、SNSなどのコミュニケーションはいくらやってもオキシトシンがほとんど増えない。本来の人間にとって大切な、感情に働きかける部分が抜け落ちた「乾いた」コミュニケーションである上に、SNSにアップされるさまざまな人の幸福そうな写真やモデル体型の人ばかり見ているうちに、ストレスがたまってくる。ストレスはオキシトシンとは逆の効果をもたらし、過去のネガティブな記憶が思い出されたり、他人のネガティブな表情を検知しやすくなる。そうなると心がネガティブなほうに向かい、うつを深めてしまうことにもなる。

これからは、オンラインのメリットは享受しつつも、他人と比べるのではなく、自分の内部とコミュニケーションすることを大切にしていく必要があるだろう。

そして便利だからとオンラインのコミュニケーションで済ませてしまうのではなく、親しい人、会いたい人とはきちんと会って触れ合いのコミュニケーションを見直すこともまた大事だと思う。

さて、ここまで自分の身体の内部とコミュニケーションをすることや、他の人とのコミュニケーションで同調圧力をかわして自分軸をしっかり持つことの大切さについて述べてきた。

次の章では、そのような自分を育むための方法として皮膚に注目し、皮膚に優しく触れるセルフタッチを通して、自分の内部の感覚を育てたり、自分に対する思いやりの気持ちを持って自分と付き合うためのメソッドについて紹介しようと思う。

2章◎自分を愛するセルフタッチ

境界としての皮膚の役割

この章では焦点を皮膚に絞り、皮膚と心の関係を探っていきたい。そして自分の皮膚に優しく触れることで、穏やかで、自分をいたわり愛することができる心を育むためのメソッドを紹介しよう。

皮膚は社会的な臓器である

これまで皮膚は皮膚科学や生理学、神経科学などさまざまな自然科学の分野で研究されてきた。一方で、哲学や精神分析などの人文科学の分野でも古くから考察の対象になってきた。まずは境界としての皮膚の役割について哲学的な考察からみていこう。

皮膚は自己と社会の境界である。

皮膚について美術や文学など幅広い分野から歴史的に考察した、ドイツのベンティーンによると、近代社会で個が確立する以前の、他者との境界のない時代では、主体や個といった概念もなく、皮膚の境界としての役割は曖昧だったという。こうした皮膚の見方の変化は、18世紀以降の社会の変化によりもたらされたものだという。

つまり皮膚は人の外枠を決めている境界であるため、社会の変化の中で「個人」が確立されるようになるにつれて、人々は境界としての皮膚の感覚を意識するようになっていったということだ。ここでの皮膚の役割は、個々人をそれぞれバラバラに隔てるものだといえるだろう。近代化とは、皮膚の感覚を強く持つことによって個を確立する過程であるといえるかもしれない。

一方で、境界としての皮膚には、「隔てる」だけではなく、その対極にある「つながる」作用もある。この矛盾した二つの側面について、フランスの哲学者、セールは、皮膚を「開かれかつ閉じられたもの」と述べている。皮膚は確かに、世界と「私」を隔てているのだが、そこではつねに交換が行われているとして、「皮膜」としての役割を主張した。皮膜の面白いところは、単に白か黒かをはっきりと分けてしまうのではなく、白でもあり黒でもあるという曖昧な分け方をする点にある。

浄瑠璃や歌舞伎の作者の近松門左衛門は、芸術論の中で「芸とは何か」と問われたのに対し、「芸といふものは実と虚との皮膜の間にあるもの也」と答えている（精選版 日本国語大辞典）。完全に虚構でもないが、そうかといって事実であるともいえない、その間を行きつ、戻りつしながら成立するものであるということだ。

皮膚をこうした曖昧な皮膜として考えると、皮膚を「隔てつつもつながる」という矛盾した二つの機能を内包する臓器として扱うことができる。

皮膚自体が持つこれらの機能を論じることはとても興味深い。ここでは紙幅の関係上、これ以上は述べないが、本書のテーマである皮膚に「触れる」ことはまさにこの矛盾した状態を体現している行為だ。触れることで感じられる、「つながる」と「隔てる」皮膚の感覚についてもう少しみていきたい。

「つながる」は、タッチングやハグに代表されるように、人との関係をつなげる働きである。親が子どもを抱っこしたり、恋人同士で抱き合う姿から、私たちは両者のつながりを強く感じる。そしてつながった人同士は、この上ない幸福感に「包まれる」体験となるだろう。そのとき、二人の身体は一つの大きな皮膜に包まれているといえる。集団でいれば集団を包む皮膜ができることになる。そのとき集団は外の世界と隔てられ、内集団となる。

一般的につながる作用は、肯定的な意味で使われるが、否定的な側面があることにも注意が必要だ。たとえば相手の意思と関係なく相手に触れることは、相手に「つながり」を強要することになる。親が子どもに過度に干渉したり、一方的にスキンシップしようとしたりすると、子どもの独立心を妨げることになり、子どもは親の気持ちを押しつけられたように感じてしまう。心地よくつながるためには、相手と自分、双方の心理的距離が等しくなければならない。これが等しくないと、本当につながった感覚は得られない。

境界としての皮膚のもう一つの機能である「隔てる」触れ方といえば、相手を叩く、殴るなどの暴力は、相手と「隔てる」境界感覚を強める。虐待やセクハラは相手との関係を一発で壊す破壊力を持つ。

「隔てる」という言葉には、否定的なニュアンスがつきまとうが、この作用は否定的な側面ばかりではない。きちんと他者と隔たっている感覚があるからこそ、私は他者と違う「私」でいられるからである。それがないと、他者が自分の内部に入り込んでいるような感覚を持ち、自分のことと他人のことの区別がつかなくなってくる。このような人は「心の境界線」がしっかりと機能していないことから、他人から影響を受けやすく、人に振り回されたり、他人がイライラしているとつられてイライラしたり、将来に対して過剰に不安になったりする。その結果、自分に自信がなく自己肯定感が低いといった特徴が現れやすい。

自分とつながる、自分と隔てる

ここまで述べてきた境界の役割を「セルフ」、つまり自分自身に触れるセルフタッチをテーマにもう少し考えてみたい。

手のひら全体の広い面を自分の身体に密着させるとき、私たちは自分の身体の内側に意識が向かい、自分自身と「つながる」感覚を覚える。「胸に手を当てて考えてみる」「合掌して祈る」などの行為をみると、心は皮膚が合わさったところにあると思えてくる。前述のフランスの哲学者、セールは、「皮膚とは、主体と客体とが混じり合う混合体である」と述べている。そして、心は皮膚と皮膚が合わさるところ（襞《ひだ》という）にある、と主張した。同じくフランスの哲学者、メルロ＝ポンティも、右手で左手に触れたとき、右手（主体）は左手（客体）に触れているが、意識を反転させると左手は右手に触れられていることになると述べている。

自分で自分の身体に触れるとき、意識を主体に向けるか客体に向けるか、通常は意識していない。単に接触している皮膚の感覚に意識がぼんやりと向くだけである。しかしだからこそ、主客が混じり合った混沌《こんとん》とした感覚が生じ、そこに自分とつながるような感覚が起こるのかもしれない。

それに対して皮膚をつねったり叩いたりして痛みを与えると、このときは自分自身と「隔てられた」感覚を持つ。セールのいう「主体と客体が混じり合う」ことはなく、

図3　皮膚の役割―他者・社会・自分との関係

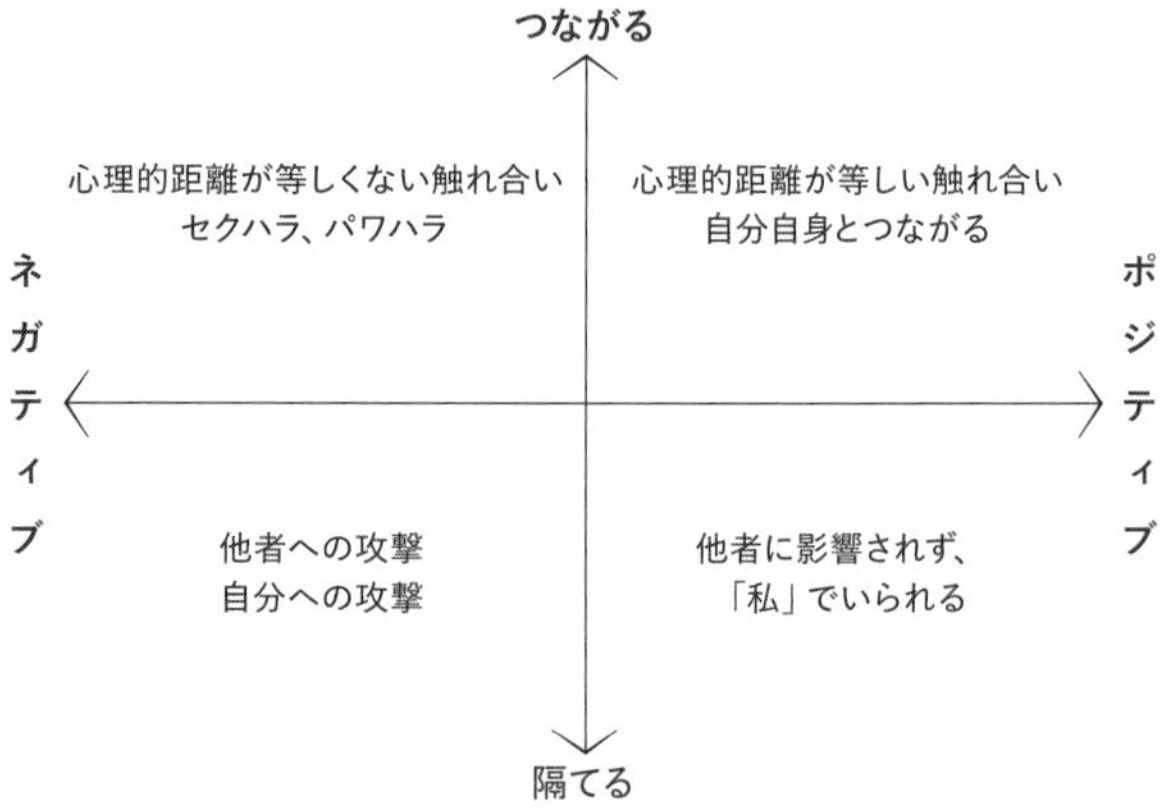

逆に痛みがある部位が明確に客体化される。ということは、痛みを与える主体と、痛みを感じる客体が明確に分離されることになる。それはすなわち、自分の身体が、痛みを感じる客体と、痛みを与える主体とに分離されることである。

ここまで主に哲学的に皮膚の役割を考察してきた。次に私たちは毎日、皮膚とどのように付き合っているか、みていきたい。皮膚との付き合い方といえば、洗顔や保湿、爪切りなどといったさまざまなケアを思い出すだろう。こうした皮膚のケアは、知らないうちに自分自身との関係性を修復したり、調節したりする作用も持っている。主体であり客体でもある皮膚だからこそ、そこに自己が表れてくるからである。

ストレスを感じたときにしている身だしなみ行動

動物のセルフケア

鳥やネズミ、類人猿などの動物は、毛皮をなめたり梳《す》いたり、羽毛を摘んだり、毛を抜いたり、寄生虫を除去したりするなどの身だしなみ行動（グルーミング）をしている。グルーミングには自分へのものと他者へのものがあるが、ここではセルフケアとして、前者について触れる。

身だしなみ行動は、皮膚や毛皮などを清潔に保つために必要な行動である。

ネズミを観察した研究によると、このような行動をするのは、餌を食べるとき、性行動をするとき、新しい環境を探索するとき、睡眠に入る前などに多いことが知られており、本能に従って行動したり、身体の機能を一定に保つホメオスタシスの役割もあると考えられている。ネズミなどのげっ歯類では覚醒している時間の30〜50%もの時間をグルーミングに費しており、実に重要な意味を持っていることがわかる。

生命科学者の塩田らが行ったラットの実験では、ストレスがあるときとないときでは、グルーミングの行動が異なることを明らかにした。ストレスといっても、毛が濡れるといったマイルドなストレスの場合にはグルーミングは増加するが、強すぎるストレスがあるとグルーミングはしなくなるという。そしてグルーミングを行っている最中には、もっとも高次な脳機能を営む前頭前野のセロトニンが増えることも突き止めた。自分で対処できる程度のストレスであれば、グルーミングをして皮膚に適度な刺激を与えることで、脳のセロトニンの分泌を促して、ストレスが癒やされることを本能的に知っているのだろう。

このようなストレス対処としてのグルーミングは、サルなどの霊長類でもやっている。たとえばサルに不安を高める薬を飲ませると、皮膚を引っかく頻度が増えるという。もちろんかゆみが生じるからかくのであろうが、皮膚への刺激が脳に届くことで、セロトニンが分泌され、不安を癒やす作用があるからでもある。

人のセルフケア

人の場合はどうだろうか。人も一日のうちで何度も自分自身の身だしなみを整える行動をしている。髪をとかす、枝毛を切る、眉毛を整える、髭《ひげ》剃り、白髪染め、洗髪、入浴、皮膚の角質除去、剃毛《ていもう》、歯磨き、爪切り、化粧などの幅広い行動である。

ここで身だしなみ行動は、人間も動物と同じように、清潔さを保つためだけに行っているわけではない点に注目したい。

人はストレスを感じると、自分自身に触れる行動が顕著に増えることが知られている。このような行動は、身体が無意識のうちにしている「ストレス対処行動」でもあるのだ。

このような行動をセルフタッチという。

セルフタッチの効能

人は1時間に23回も自分に触れている

私たちは普段、あまり意識することはないが、気づかないうちに自分の身体に触れている。とくに顔に触れる回数は断トツで多い。

オーストラリア・ニューサウスウェールズ大の研究によると、医学生の授業中の行動を観察した結果、1時間に平均23回も顔を触っていることがわかった。粘膜部分は口（4回）、鼻（3回）、目（3回）の順に多かった。粘膜以外では顎《あご》、頬、髪が多かったという（図4）。

図4　学生が１時間に自分の顔を触った平均回数

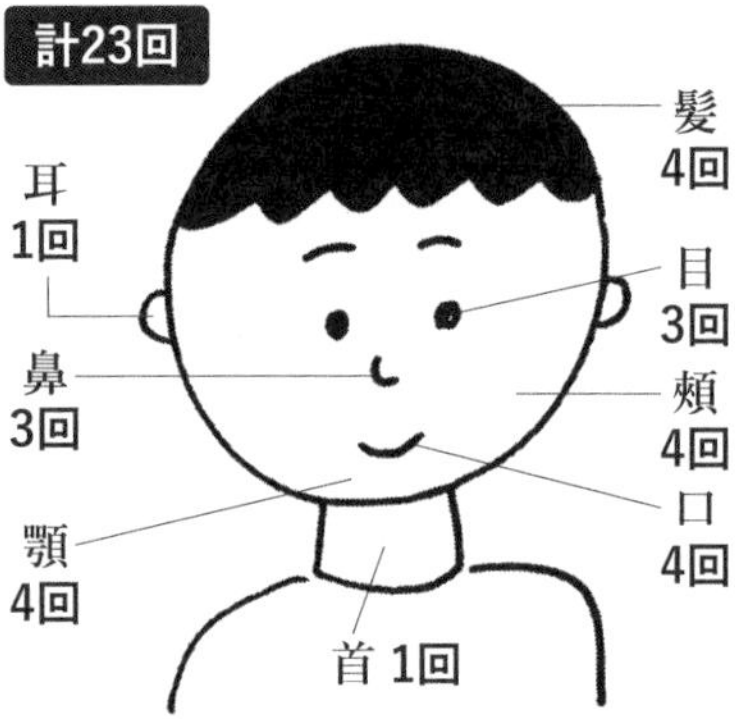

（注）合計と各部位の回数の合計は四捨五入のため一致しない
Kwok,Y.L.A. et al.(2015) を基に作成

日本でも大学生を対象にした研究があり、１時間に顔を触る回数は平均18回で、女子より男子の回数が多いという結果が出ている。

さらに教育工学の延たちの研究によると、疲労が高まったときには、髪の毛や顔、腕に触れるセルフタッチが増加し、そのような行動は疲労感と高い相関関係があることも明らかになっている。

これらのことから、ストレスや疲労感などでセルフタッチが増えることはわかったが、そもそも人はなぜ自分の身体に触れるのだろうか。

不安やストレスを鎮める

セルフタッチはチンパンジーなどの類人猿でもしている。とくに不安や恐怖などのストレス場面で増えることが観察されている。そしてチンパンジーに抗不安薬を飲ませると、セルフタッチが減少することからも、やはり不安や恐怖の気持ちと関連があるようだ。

人間の研究でも、地位が高い人と低い人が話す場面を観察してみると、地位が低い人のほうがセルフタッチは多くなることも確かめられている。不安や緊張が高まるからだ。

また大人と比べると、子どものほうがセルフタッチは多いこともわかっている。そもそも赤ちゃんは、指しゃぶりをしょっちゅうしているが、それがセルフタッチの出発点だといえる。胎児でもすでにお腹の中で指しゃぶりをしているのだから、まさに本能的な行動だといえるだろう。子どもは、指しゃぶり以外にも、爪かみ、抜毛、性器いじりなど、自分の身体に触れるのが好きである。そしてそれらの多くはやはりストレスなどのネガティブな気持ちを感じたときに頻繁に起こり、そうすることで安心感を得てストレスを発散させているようだ。

そして赤ちゃんの指しゃぶりが出現するのは、入眠時や起床時に多く、またテレビなどで退屈な気持ちのときに多く出現する。それは入眠時には覚醒水準が急速に低下すること、起床時には急速に高まることと関係があるようだ。成人の場合でも、セルフタッチの出現は覚醒水準とU字の関係があることがわかっており、覚醒水準が低下した場合と高まった場合の双方で起こる。そしてどちらも最適な状態になるように機能している点が面白い。

花王感覚科学研究所の鳥山たちは、女性に素手で化粧水などをつけて顔をハンドプレスしてもらうと、脳の前頭極《ぜんとうきょく》と眼窩《がんか》前頭皮質（ＯＦＣ）の脳血流が増えることがわかった。これらの部位は、快活な気分になって動機づけを高めたり、意思決定を促したりする部位である。そのため、起床したときにやる気を高めていこう、というような場合にとくに有効であることがわかる。それに対して夜の入眠時に同じことをやると、今度は眠りに誘ってくれる効果になるというように、正反対の作用を持っている。

セルフタッチと指しゃぶりはどちらも、覚醒水準を調整してくれる機能を持つようだ。

認知的なプロセスを助ける

さらにセルフタッチは、感情面だけではなく、言葉や思考といった認知的な機能にも関わっていることもわかってきた。

たとえば子どもの実験では、子どもは漫画を読んでいるときよりも、その漫画の内容を人に説明しているときのほうが、セルフタッチが多くなることがわかっている。成人の研究でも、本を読んでいる最中と、その後にディスカッション場面を比べてみると、読書中よりもディスカッションのほうが、セルフタッチの頻度が増えたという。つまり、言葉で集中して考えるプロセスでセルフタッチをしていることがわかる。とくに自分の顎に触れる頻度が多くなるという。

ドイツの脳科学者、グルンヴァルトらの研究では、ある事柄について5分間覚えて

いてもらうように指示し、その間に不快な音を流して記憶を妨害するという意地悪な実験をしてみた。すると確かに不快な音を聞かされるとセルフタッチが増えることがわかった。セルフタッチは、一時的な記憶を保持しておく能力（ワーキングメモリ）を高めているようだ。

実際の脳の機能を調べた研究では、セルフタッチをすると、言語的な記憶や思考に関わる脳の部位が活性化する作用があるからだ。

ロダンの有名な「考える人」の彫刻は顎に手を当てているが、それは実際に思考が深まる効果があるのである。

自分に注意を向ける

次に自分自身とのつながりについて考えてみよう。

人は日常生活で多くの場合、自分が演じるべき役割を前面に出して行動している。家庭では夫や妻、娘や息子として、仕事では係長の役割など、つねに役割を演じている。しかしそのように役割を演じることは、自分の本当の心と向き合わないことになる点に注意が必要だ。役割演技というのは、その人の本当の心に蓋をして、表面的な役割を演じているだけだからだ。このとき人は、自分の気持ちを抑圧して、仕事を優先させたり、家事を黙々とやっていくようになる。

もちろんそのような態度で過ごしたとしても、日々平穏に暮らすことはできるだろう。しかし自分の本当の心と向き合わずにいると、身体が無意識のうちにストレスを感じてしまう原因となる。ストレスが適度に解消されていればいいが、日々解消されずに抑え込んでたまっていくストレスは、真綿で首をしめるように少しずつ健康をむしばんでいくようになる。

もっと自分の心に目を向けて、心を解放し、本当にやりたいことは何か、我慢しているることは何か、さらにはパートナーや親、友人などまわりの人に本当にやってほしいことは何か、など内面で感じていることに丁寧に耳を傾けて、相手と話し合い、それを共有すると、より充実した幸福な人生を歩めるのではないだろうか。

自分の本当の気持ちに気づくためにもセルフタッチは役に立つ。

米国のマーケティング学のクロンロッドたちは、参加者にある商品を紹介したビデオを視聴させて、「その商品が好ましいと思うか否か」尋ねた。そして観ている間、セルフタッチを自由にさせるグループと、両手を縛ってセルフタッチをさせないグループに分けた。視聴し終わると、両グループに「自分の気持ちに注意を向けたか」「自分のことを考えたか」などの質問に答えてもらった。

するとセルフタッチをしたグループのほうが、自分に注意を向けており、その結果、ポジティブであってもネガティブであっても、最初に持っていた商品への態度がより強まる方向に変化することもわかった。

つまり人は、さまざまな物や人、あるいは抽象的な事柄に対しても、「好き」とか

「嫌い」と明確な態度を持っていることはほとんどなく、多くは曖昧で自分ですら明らかにはなっていないのである。自分の本当の気持ちというのは、多くの場合、このように曖昧なもので、自分でも気づいていないことが多い。本当の考えや気持ちといったものは、セルフタッチをして自分に注意が向かうことで、よりクリアになるわけだ。

「合掌」もセルフタッチの一種

そうかといって、自分に触れようと意識して触れたとしても、同じ効果があるのだろうか、という疑問が生じるだろう。

先のクロンロッドたちの別の実験では、参加者に課題をやってもらっている最中に、自ら（無意識に）セルフタッチをしたときに、隣の部屋にいる別の参加者に指示を与えて、同じようなやり方で同じ時間セルフタッチをしてもらった。そして両者の脳の機能についても測定してみた。すると、セルフタッチは自ら無意識のうちに触れても、自分で意識して触れる場合でも、同じ作用があることがわかった。それは「自分の手を動かす筋肉の感覚」と「肌に触れる感覚」の二つが、無意識であっても意識して行っても、同じように脳に届いているからだということもわかった。

だからよく「自分の胸に手を当てて考えなさい」と言われることがあるが、そのように他者に言われて意識して行うセルフタッチでも、本当の自分の気持ちを明らかにする作用があり、自分の思考が深まる効果があるのだ。

仏教でもキリスト教でも、祈るときは合掌して両手を合わせるが、これも自分の心に意識を向けて、思索にふけりやすいということを、先人たちは経験的に知っていたからだろう。

ではなぜ、セルフタッチは自分とつながることができるのだろうか。

セルフタッチと、他者に触れられることの違い

スウェーデンの神経学者、ベーメたちによると、セルフタッチをすると、脳の自己

概念に関わる領域（島と前帯状回《ぜんたいじょうかい》）が活発に活動することがわかった。このエリアは、自分の筋肉や組織の活動である自己受容感覚や、自分の身体の所有感などの自他の区別に関わる領域でもある。セルフタッチの場合は自分に触れる手の動きを脳で知覚しており、それが自己の感覚を呼び覚ましているのだ。

さらにセルフタッチをすると逆に不活性化する部位があることもわかった。とくに視床や脳幹《のうかん》などの覚醒レベルに関わる脳領域が不活性化するようだ。これらは対人関係や緊張や不安などの感情と関わる部位である。セルフタッチの場合は、他者からのタッチと違って、相手が自分に触れることに伴う不安がないので、相手がどのような人か、信頼できる人か、といった情報を判断する必要もないため、これらの部位が不活性化し、リラックスして安心できることを示している。

こうしてセルフタッチをするとリラックスして自分と向き合い、内省的になり、自分自身とつながることができるのだろう。

自分に触れると何が起こるのか

ここまで、セルフタッチに関するいくつかの基礎的な研究を紹介してきた。人は赤ちゃんが指しゃぶりをするときのように、不安や緊張などのネガティブな気持ちを感じたときに、自分の顔や身体に触れて癒やそうとしており、それは身体が自然に起こしているストレス対処のための行動だといえる。また人は何かに集中したり、考え込んだりするときにも自分によく触れており、自分の内面的世界と深く関わろうとしていることもわかった。

そこで次に、自分に触れて幸福になるための方法について考えてみよう。

自分に触れることで自分の内側に気づく

多くの人は、社会の中で生活しているうちに、周囲の期待に応えようとしたり、本当の自分とは違う自分を演じたりしている。そうして違う自分を演じているうちに、だんだんと本当の自分がわからなくなってくる。そのうちに演じている自分のほうが本当の自分だと思い込んでしまうようになる。こうなってくると、自分の神経系など身体が作り出す本当の自分と、脳の中で作り上げられた自己像との乖離が生まれてしまい、それが失感情症、あるいは失体感症といわれる症状として表れてくることもある。

自分に触れることとは、意識を本当の自分に向かわせて自分の存在に気づかせ、本当の心にも気づかせてくれることになる。

また私たちの意識は普段、外側に向いていることが多い。自分の外側にある環境に意識を向けて、そこから多くの情報を得ようとしている。

自分自身に意識を向けるときもあるが、それは他者の視点に立って自分を見るとき、つまり「自分は人にどう見られているだろうか」という視点である。外側から自分を見る視点は、私たちが集団で暮らすようになり、集団で他のメンバーとの関係を維持していくために必要な視点でもある。

しかしこれから述べようとしているのは、それとは違う視点である。

自分の内側から自分自身を見つめる視点である。これは1章で述べたように、呼吸に意識を向けることでもできるし、姿勢に意識を向けることでもよいだろう。そしてここで述べるセルフタッチは、自分に触れることで自分の内側に気づく点では、呼吸や姿勢と同じであるが、前述のようにストレスを癒やしたり、思考をめぐらして内的な世界とつながる作用がある点で異なっている。

だからこそ、これからの時代を生きる私たちに必要な視点だと思うのである。この点をもう少し説明しよう。

触れることで分泌されるオキシトシン

触れることで幸福になる理由を生物学的に考えた場合、オキシトシンについては避けて通れない。オキシトシンは子宮収縮を起こすホルモンとして知られてきたが、最近の研究によると、多岐にわたる多くの作用があることがわかってきた。たとえばストレス反応を抑制し、疼痛《とうつう》を軽減し、免疫の活性を促し、皮膚のバリア機能を強め、血圧を低下させ、脂肪の代謝を促すなど、心身の健康を増進させる効果を持つことが明らかになってきた。また心理的には、幸福感を高め、人との信頼関係を強め、愛着の安定を促す効果なども確認されている。さらに最近では、寿命にまでも関わっていることもわかってきた。

米国の生物学者、ファラジたちが行ったラットの実験では、単独で育てたラットよりも、集団で育てたラットのほうが、オキシトシンの分泌が多く、さらに寿命も延びる可能性があることが明らかになった。実際、寿命の長さに関わる染色体のテロメアの長さが、オキシトシンが多いラットのほうが長かったのだ。

他者と触れ合うことで寿命まで長くなるとしたら、こんなに手軽な方法はないだろう。

しかし、日本人はスキンシップがとりわけ苦手だということは、誰もが疑う余地はない。新しい生活スタイルが推奨され、他者との密な触れ合いができにくくなった時代では、自分のストレスケアを自分でするためには、自分に触れることでオキシトシンを増やすことをもっと重視すべきではないかと思う。自分に触れる以外の方法については、4章でさらに紹介していこうと思う。

脳で分泌されたオキシトシンは、血液の中に入って全身の臓器をめぐる。そしてオキシトシンの受け皿である受容体（細胞表面にあって信号物質を受け取るもの）がなければ、その効果は発揮されない。オキシトシンの受容体が多くあるのは、よく知られているように女性の子宮である。ここにオキシトシンが到達すると、子宮の筋肉を強く収縮させる。こうして中にいる胎児が生まれてくるのだ。だからもともとオキシトシンは女性ホルモンだと考えられていたが、その後の研究で、男性にもあることがわかってきた。また、子宮だけではなく、腎臓や心臓、筋線維などにも受容体は分布することもわかってきた。そして皮膚の線維芽《せんいが》細胞にも受容体が多くあり、そこにオキシトシンが作用すると、コラーゲンやセラミドといった皮膚の状態を良好にする物質を作るようになっている。こうして皮膚のバリア機能が高まり、皮膚の状態がよくなるわけだ。

触れるとオキシトシン受容体が活性化

さらに興味深いことに、ドイツの皮膚科学者、ダイングたちは、マッサージのような触覚刺激を皮膚に与えると、皮膚のオキシトシン受容体が活性化することを突き止めた。皮膚に快適な刺激が加わると、その部位の受容体が活性化するのだ。この効果は、前述のようにバリア機能が高まり皮膚の状態がよくなることに結びつく。

また著者が企業と共同研究で取り組んだ結果では、手で快適な感触の布に触れると、実際に脳でのオキシトシンの分泌が増えることも確認されたのだ。

脳でオキシトシンの分泌が増えれば、それはストレスを抑制してくれるし、血液中に入って血圧を下げたり、免疫活性を高めたりして健康を増進してくれることが期待できる。さらには脳内の他の部位にも届き、抑うつ気分をやわらげたり、不安な気持ちを下げて安心した気分にしてくれたり、痛みを緩和してくれる効果もある。

さらに、著者の研究室で行った研究でも、慢性的な痛みに苦しむ患者に、快適な感触の布に触れてもらうだけで、痛みがかなり低減する効果も確かめている。やわらかくて肌触りのよい布に触れると、オキシトシンの分泌が期待できるのだ。

日常的によく触れるタオルや肌着、シーツなどの寝具を快適なものにすることで、心安らかで健康な日常生活を手に入れることが期待できる。

皮膚はストレスを反映する

著者がある企業と共同で行った研究では面白い結果が得られている。培養した皮膚細胞にストレスホルモンと呼ばれるコルチゾールを浸すと、皮膚の角質水分量が急激に減ってしまうが、オキシトシンを浸すと、角質水分量は高まったのである。前述のように皮膚のオキシトシン受容体にオキシトシンが結合して、皮膚の状態がよくなったのだ。

さらに20〜40代の女性6名に1ヵ月間スキンケア化粧品を使ってもらい、その前後の唾液中のオキシトシンとコルチゾール濃度を測定してみた。また同時に、幸福度およびストレス度についても調べてみた。実験の結果、次のことがわかった。

①幸福度が高い人は、幸福度が低いグループに比べて「肌状態がよい」

②ストレスが高い人は、「肌状態が悪い」

③オキシトシン濃度が高い人は、皮膚バリア機能が高く、角層水分量が多かった

④コルチゾール濃度が高い人は、皮膚バリア機能が弱く、角層水分量が少なかった

⑤スキンケア化粧品を1ヵ月使用することで、オキシトシン濃度が6名中5名増加し、うち3名において幸福度の上昇もみられた

このように、ストレス状態は皮膚の状態を悪化させるが、逆に幸福度が高まるとオキシトシンが増えるため、皮膚の状態がよくなったのだ。

このことは、皮膚の感覚が感情に影響を与えていることとも関係している。ストレスがあると皮膚の状態が悪くなるという関係があると同時に、皮膚の状態が悪くなった結果、皮膚から不快な感覚が生まれて心が「やさぐれる」ことにもなる。

逆に幸福感を感じていると皮膚の状態がよくなり、そこに「触れる」ことに伴う心地よさが心を満たしてくれる、という関係もある。

皮膚の不快感というのは、蚊に刺されたかゆみ、アトピーのかゆみ、痛みやヒリヒリ感、カサカサ感などのように、皮膚から自動的に送られてくるからわかりやすい。そしてすぐにイライラしたり不安になるといったネガティブな感情が湧いてくることになる。

それに対して皮膚の状態がよいことから起こる快感というのは、なかなか感じにくい。そのような快感は、触れてみないと感じられないからである。だからこそ、皮膚の感覚から幸福な気持ちを感じるためには、皮膚に触れることが必要条件なのだといえる。

心の安全基地をつくるセルフタッチ

セルフタッチのやり方

ステップ1

まずは、自分の嫌な気持ちをなだめるセルフタッチを見つけてみよう。

顔を両手で覆う
胸に手を当てる（なでる）
両手を合わせる
お腹に手を置く（なでる）

太腿《ふともも》に手を置く（なでる）
膝《ひざ》を抱えて座る（体育座り）

など、いろいろやってみて、もっとも落ち着ける触れ方を見つけよう。

ステップ2

ストレスフルな場面や嫌な出来事を思い出してみよう。思い出すだけで胸がムカムカしたり、悲しみが襲ってくるかもしれない。

そのような気持ちを感じたら、「そう感じてしまう」「そう思ってしまう」自分を許す「慈愛の言葉」を探してみよう。

「あれは仕方ないよなあ」「あんなことを言われたら、誰だって腹が立つに決まってる」「ドンマイ、私」などである。

自分を許し慈しむような言葉を探すことがポイントだ。

図5　自分に「慈愛の言葉」をかけながらセルフタッチ

ステップ3

ステップ1で見つけた「セルフタッチ」と、ステップ2で見つけた「慈愛の言葉」を組み合わせてみよう。

ストレスフルな場面を思い出し、「慈愛の言葉」を自分にかけながら、「セルフタッチ」をするのである。

このとき、「こんなふうに考える私はおかしいかな」などと「考えて」しまいがちであるが、決して否定したり評価したりしてはいけない。感じることに意識を集中するのだ。そのやり方であるマインドフルネスの詳細は4章に述べるが、要するにそのとき感じている感覚に意識を集中させるのだ。セルフタッチで心地よく安心できる皮膚感覚に意識を集中しながら、自分に慈愛の言葉をかける。そうするとオキシトシンが大量に分泌され、自律神経がリラックスしてくると同時に、心も落ち着きを取り戻してくる。オキシトシンが分泌されるまで、5〜10分程度はかかるので、そのくらいの時間はじっくりやってみよう。

セルフタッチの効果を高める

最後に、セルフタッチの効果を高めるためのテクニックを四つ紹介しておこう。

意識の向け方

セルフタッチで触れる部位に注意を向けると、そのときの気持ちよさや安心感をよりクリアに感じることができる。

触覚というのは、そこに注意を向けると感覚が大きくなったり、感じ続けることができる傾向がある。注射を打たれるときに、そこに注目していると痛みが増すが、注意をそらしているとあまり痛みを感じないのと同じだ。また普段は椅子に座っている座面の感覚などは意識されないが、そこに注意を向けると新たに感じることができる。

だからこそ、そのとき感じているセルフタッチの感覚に意識を向けてみることが大事だといえる。それだけで不安やストレスは大きく癒やされるはずだ。

ゆっくり触れる

人の有毛部皮膚（手のひらと足の裏以外）には、気持ちよさを感じたり安心したりする触覚の神経線維が分布している。そしてこの神経線維は面白い性質を持っていて、秒速5cm程度のゆっくりしたスピードで動くものにしか反応しない特徴がある。そのため、愛情を伝えるスキンシップのコミュニケーションのために進化したと考えられている。とくに前腕や顔には、この神経線維が密にあるので、なでることで気持ちよさが大きく感じられることになる。

圧をかける

手を動かさなくても、しっかりと圧をかけて触れるだけで、圧を感知する皮膚の受容体が活発に働くようになる。そしてその神経は脳に到達すると、迷走《めいそう》神経（自律神経の副交感神経の機能を持つ）の起始点を刺激する。そのため、圧をかけながら触れると、気持ちよさは感じないが、直接的に身体をリラックスさせる効果がある。だから皮膚の表面をなでるのではなく、手のひら全体を使ってしっかりと圧をかけながら、その感覚に注意を集中してみると、さらに心理的な部分でのリラックス効果も大きくなる。

クリームやオイルを使う

通常、触覚は他人に触れられるほうが皮膚の感覚は大きく感じられる。たとえば、くすぐったさにしても、他人にくすぐられるとくすぐったく感じるが、自分で自分をくすぐってもあまりくすぐったくない。これと同じように、自分で触れる場合は気持ちよさも抑制されてしまう。しかしクリームやオイルなどを塗ってなでると、自分でなでても気持ちよさが高まることが研究で示されている。それは、何もつけずに直接自分の皮膚に刺激を与えたのとは異なる感覚であると脳が知覚するため、これは他人から触れられているのだ、と脳が勘違いしてしまうからだと考えられている。

以上のことに注意してセルフタッチをしてみると、すぐに不安やストレスが癒やされてくるのを実感できるはずだ。そして毎日続けていると、さらに自分をいたわり大切にする気持ちであるセルフコンパッション（自分に対する思いやり）の心も育まれてくる。このことについては、４章で詳しく述べることにしよう。

さらに、ここまで述べてきたように、自分自身に優しく触れることは、自分自身に意識が向かって自分とつながり、自分の心がよりクリアになる効果もあるため、一日の終わりにゆっくりとセルフケアをして触れてほしいと思う。

次の3章では、このようなセルフタッチとは逆に、自分自身を傷つけたり攻撃するようなセルフタッチを紹介したい。そのような行為には、そうしてしまう理由があり、それをきちんと理解することで、自分を癒やすヒントになるからである。

3章◎あなたをストレスから守る皮膚の力

葛藤する皮膚と心

2章では自分の皮膚に優しく触れて、自分を愛するための方法について紹介してきた。3章では逆に、自分の皮膚を傷つけてしまう病的な行為の背景にある心理について取り上げてみたい。

皮膚はまさに自己と外の世界との境界となる臓器であるため、自分の内面と、外側の社会や環境との間に軋轢《あつれき》が起こってしまうと、その軋轢が皮膚そのものあるいは皮膚の感覚に表れることになる。そして自分でも気づかないうちに皮膚を攻撃することで、それを解消しようとしてしまうことがある。皮膚を攻撃するのは当然、推奨される行動ではないことは言をまたない。しかし、実はそのような行為には、そこから自分をケアするための重要なヒントが隠されている。

皮膚は脳のように刺激に応答している

皮膚はストレスに応答している

まずは、皮膚がまわりの人や社会から受けるストレスにどのような応答をしているのかをみていこう。

私たちはストレスを感じると、その影響は目に見えない皮膚の内側で始まる。自律神経システムを介して、心臓が高鳴り、血圧が上がり、戦うか逃げるかモード（Fight or Flight）に入る。一方で内分泌システムでは、脳の視床下部からＣＲＨ（副腎《ふくじん》皮質《ひしつ》刺激ホルモン放出ホルモン）が放出され、それによって脳下垂体から副腎皮質刺激ホルモンが血液中に放出される。そしてそれが血液を通って副腎皮質に届くと、そこからコルチゾールなどのホルモンが分泌される。このような一連のストレスによる身体内部の応答はＨＰＡ軸（視床下部―下垂体《かすいたい》―副腎の頭文字を並べたもの）と呼ばれている。そしてコルチゾールが血液中に放出されると、さらに多くの臓器に影響を与えることになる。

コルチゾールはストレスホルモンと呼ばれて悪者扱いされているが、実はそうではない。たとえば肝臓で糖を作り出す、脂肪を分解して代謝を促進する、免疫を抑制する、抗炎症作用を持つ、筋肉でタンパク質を代謝するなど、生命を維持するためにも必要なホルモンである。しかしストレスを感じるとコルチゾールの過剰分泌が起こり、それが続くと悪影響となってしまうのである。

さて、ストレスを感じたときに皮膚にトラブルが生じることを経験した人は多いのではないだろうか。副腎皮質で作られたコルチゾールが皮膚にまで悪影響を与えているのだろうか。

米国の皮膚科医、シュットたちは、男女５０００人の大学生を対象に、日々感じ

表2　ストレスと皮膚症状（大学生5000人のデータ）

脱毛	2.87倍
かゆみ	2.79
頭皮の脂っぽさ	2.61
手のかゆみを伴う湿疹	2.54
抜け毛	2.42
鱗状の皮膚	2.42
その他の顔面の発疹	2.1
爪かみ	1.92
ニキビ	1.22

数字はストレス低群に対して高群で出現する割合を示す
つまり、ストレス高群はストレス低群の何倍多く出現するか、を表す
Schut,C. et al.(2016) を一部改変

ているストレスと気になる肌の症状をアンケート調査した。ストレスの高さで高低2群に分けて比較した結果、高ストレス群は低ストレス群よりも肌のかゆみはおよそ2・8倍も多く出現することがわかった。そして脱毛や頭皮の脂っぽさ、皮膚が鱗《うろこ》状になるといった症状も、これと同じような傾向がみられた（表2）。

これらの皮膚のトラブルは、これまでは中枢のHPA軸の影響で起こると考えられてきた。しかし最近の研究では、人はストレスを感じると、皮膚でもHPA軸に相当する一連の応答が開始されて、皮膚でも次々とストレスホルモンが作ら

れ、皮膚にダメージを与えることがわかってきた。
たとえばニキビは、ＣＲＨの影響でＭＳＨ（メラノサイト刺激ホルモン）が皮脂を作る脂腺細胞を活性化することで発生する。またＣＲＨが直接、皮膚に炎症を生じさせた結果でもある。

こうしてストレスに対して皮膚自体も応答していて、さまざまなホルモンが分泌されるため、皮膚には直接的に悪影響が出てくることになる。他の臓器へのストレスの影響は、脳からＨＰＡ軸を通して受けるのに対して、皮膚は独自にＨＰＡ軸に相当するシステムを持っているのだ。「皮膚は露出した脳である」と言われるゆえんはここにもある。

皮膚はポジティブな刺激にも応答している

しかし皮膚がストレスに応答して状態が悪化するのであれば、皮膚に良い刺激を与えれば、皮膚もポジティブな反応を返してくれるのではないか、とも考えられる。

ドイツの皮膚科学者、ダイングたちは、皮膚の線維芽細胞にはオキシトシンの受容体が豊富にあることを突き止めた。線維芽細胞は、皮膚の状態をよくするセラミドやコラーゲンを作って、皮膚のバリア機能を高めてくれる。興味深いことに、腕を自分で繰り返しなでるだけで、皮膚のオキシトシンの受容体が活性化することもわかった。こうしてオキシトシンを受け取りやすくなり、そうすると皮膚のバリア機能が回復し、皮膚状態がよくなることもわかっているのだ。

さらに昭和大学の佐々木らの研究では、乳がんの患者の治療の過程で起こる手のしびれを改善するために、施術者が患者の肌に優しく触れるハンドケアの施術を行った。すると優しく触れる刺激によって、傷ついた神経細胞の回復が促されることを突き止めた。その刺激はやわらかく、なでるような刺激でなければならないという。

こうして皮膚に快適な刺激を与えることで、皮膚やその下の組織や神経でも好反応が起こることがわかる。皮膚はそのような快適な刺激を欲しており、そのような刺激があると生理的にも良い応答をして、さらに心理的にもポジティブな気持ちが生まれることになる。

身体や皮膚を攻撃する病気

ここまでは刺激に対する皮膚の反射的ともいえる応答をみてきたが、次は私たち自身が皮膚にどのようなことをしているのか、みていこう。

ＢＦＲＢという病気

動物園で動物が狭い檻の中を行ったり来たり同じ動作を繰り返していたり、体を揺らしていたり、自分の羽を引き抜いたり、自分や物をかんだりする姿を見かけることがよくある。そのような行動を常同《じょうどう》行動というが、そうすることによって檻に閉じ込められたストレスを発散させている。

こうした行動は私たち人間でも、多かれ少なかれやっている。

たとえばドイツの精神医学者、ボーンたちの調査によると、大学生でピッキング（皮膚をかきむしったり、髪の毛を抜いたりする行動）をしたことのある人の割合は78％から90％もいることがわかった。そしてピッキングする部位は、顔（94・7％）、髪の毛（52・6％）が圧倒的に多いこともわかった。

ちなみに2章で紹介したセルフタッチは、通常の生活をしている中で起こる、さまざまな心のゆらぎに対応して、身体が自然にしている反応である。それに対して、もう少しストレスが強くなると、ピッキングのような強い行為をすることになるのだ。


ピッキングは誰でもよくやっている自然な行動であるが、自分でコントロールできなくなってくると病気として扱われる。こうした病的な行動は「身体に焦点化された繰り返し行為（ＢＦＲＢ）」と言われる。爪をかんだり髪を抜いたり皮膚をかきむしるといった、本来なら身づくろい（グルーミング）のためにしている行動だが、これを強迫的に、しかも無意識のうちに繰り返してしまうのだ。

先の調査の結果、無作為に抽出した被験者の中に、病的なピッキングをしている人が5％近く含まれていることもわかった。

このような人は、自分の意思で「やろう」と思って始めるわけではなく、自分でも気づかないうちに無意識のうちに始めてしまう。周囲からやめてくれと言われたり、他のことに気を取られて気がそれたときにはやめることはできる。しかし問題になるのは、いったんはやめたとしても、また何度も同じことを繰り返してしまうことである。BFRBは、自分を傷つける自傷行為の要素もあるため、爪が変形したり、出血したり、頭髪がなくなったりして、大きな苦痛をもたらすことになる。

なぜやめられないのだろうか。一つは、そうした行動をしてしまう欲求が極めて強いからだ。米国の生理学者、メジャーたちの研究では、髪を引っ張りたい衝動と、不健康な食べ物を食べたい衝動の強さを比較したところ、髪を引っ張る衝動は不健康な食べ物への衝動よりもはるかに強く、制御しにくいことがわかった。髪を引っ張りたい衝動はいつでもどこでも襲ってきて、しかもすぐに実行に移すことができる。それに対して不健康な食べ物への衝動は、起こったとしてもすぐに実行に移すことが難しいことが多い。そのため我慢したり、衝動から気をそらしてコントロールしやすいの

図６　交感神経と副交感神経のバランス

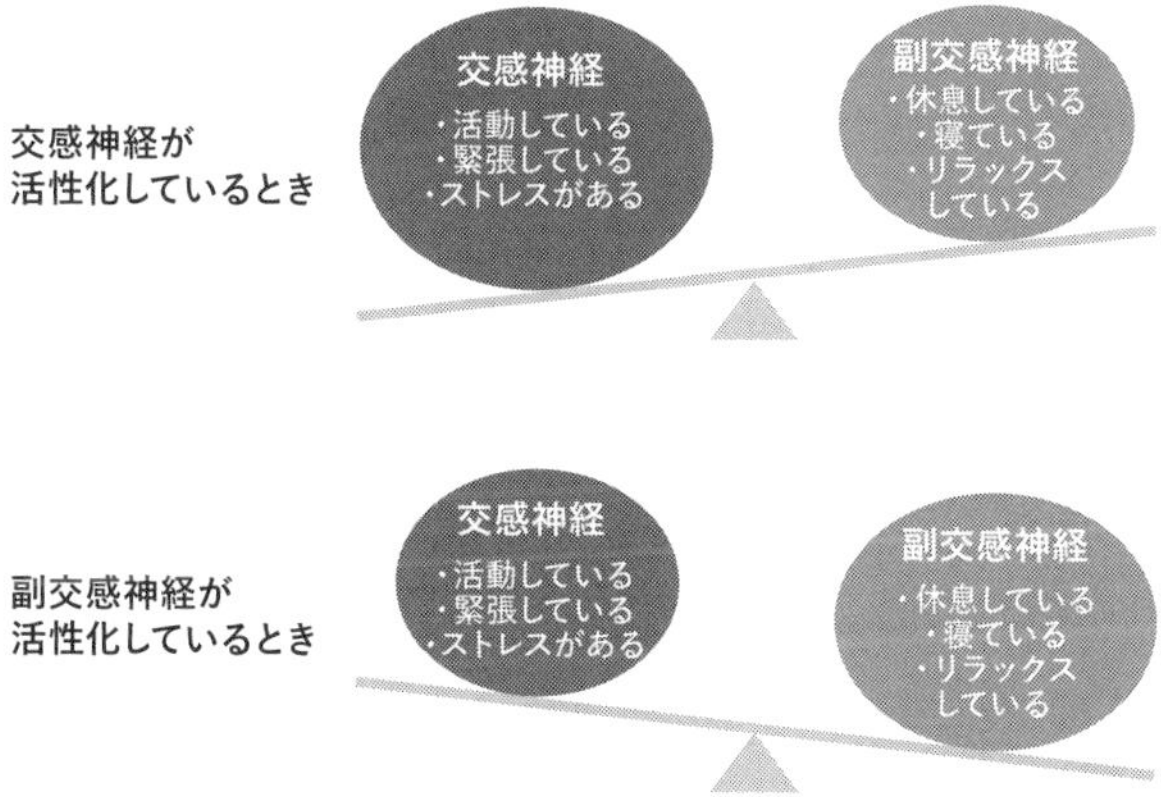

である。

　またBFRBの患者がこのような行為に走る場面は、二つあると言われている。一つは不安やストレスを感じたときで、もう一つは退屈なときだ。これらは両極端ではあるが、自律神経の機能から考えると、わかりやすい。

　不安やストレスを感じたときは、交感神経が優位になっている。逆に退屈なときは副交感神経が優位になっている（図６）。身体にはホメオスタシスという、身体の状態をつねに一定の範囲内に保とうとするシステムが存在しているため、どちらかにバランスが傾くと、反対側の機能を高めてバランスを取ろうとするのだ。

こうした行動は、すでに子どものときに始まっている。まだ未成熟な子どもの脳は大人のように感情を認識することも処理することもできない。そのため、気持ちのやり場を見つけようとして体を動かすのだ。そしてたいていの子どもは成長するにつれて自分の感情を理解して、うまく対処するための方法を身につけ、常同行動を卒業できるようになる。しかし成長の過程でなんらかの問題やトラブルがあり、健全な発達が阻害されたりすると、常同行動が成人後も残ってしまい、ストレスの発散手段としてエスカレートしてしまうようだ。

話が少しそれるが、常同行動は、1章で述べた同調行動とは正反対の行動である。同調行動は、相手の身体内部と共振が起こることであり、それによって相手に対する共感が生まれることになる。それに対して常同行動は、自分自身のストレスに対処するためにやっている行動であるため、相手とのつながりは断たれ、一人の世界だけで完結している行為である。

さらにいえば、常同行動をしているとき、その人は自分自身とのつながりも断たれている。このような行為を無自覚のうちに行っているからだ。だから急に人に呼ばれたりしたときに「我に返り」、その行為をやめることができるのだ。

そのような行為にふけるほど、自己肯定感は低くなり、他者とのつながりも断たれ、ますます孤立してしまう。

皮膚むしり症という病気

ＢＦＲＢの患者の中で、とくに皮膚を傷つける患者を、皮膚むしり症（ＳＰＤ：Skin picking disorder）という。医学誌では、世紀を超えてこの精神状態が話題になっており、謎が多い病気である。米国の精神科医、ブライアンによると、最初にこの病気を報告したフランスの皮膚科医ウィルソンは、ニキビのできたところをつねにかきむしっていた思春期の男の子のケースを紹介した。その子は、皮膚の病気がないにもかかわらず、顔が変形するほどかきむしっていたのである。

このような極めて過激なケースから、症状の軽い人までいるが、これは皮膚の症状が心の問題から生じており、心の治療を必要としていることの表れでもある。社会や対人関係といった外部のストレスと、内部の人格的な問題との間で軋轢が生じて、その境界である皮膚に症状が表れるとも考えられる。

オーストリアの心理学者、シエンレによると、健常な人であれば、自分をゆっくりした速度で優しくなでるような刺激を脳で感じると、脳の島皮質が活性化されて、快を感じたり、自己の感覚を感じることがわかっている。それに対してこの患者の場合、優しくなでられる刺激では島皮質は活性化されず、むしろ皮膚をむしるような痛みで活性化することがわかった。そしてこの患者は、自己受容が非常に低いことも確かめられている。

これらのことから考えると、自分を嫌いで自己受容が低い人は、人から愛撫されるような優しい刺激を受け入れることができず、不快を感じるということだ。逆にそのような嫌いな自分を傷つける自傷的な刺激によって快を感じる。このことからシエンレたちは、「SPDの患者には心理療法と同時に、自分を優しくなでる刺激に注意を向けるような治療を加える必要がある」と述べている。

SPDの患者は、不安や抑うつなどのネガティブな感情をうまくコントロールすることが苦手で、またそのような感情を表現するのが苦手な人に多いこともわかってきた。このような特徴も、内部の心の問題を外部に表現するという境界の問題としてとらえることができる。

そうであれば、境界としての皮膚の感覚を変化させることで、心の問題を解決できる可能性も考えられるだろう。

自閉症と自傷行為

このような自傷行為や常同行動は、自閉スペクトラム症（ASD）の人にもよくみられる。ASDの人は、優しくなでられるような刺激が苦手で、むしろ痛みやタッピングのような刺激を好む傾向がある。研究によると、ASDの人は胎児のときから気持ちよさを感じるC触覚線維に異常があるという。だからなでられるような優しい刺激を気持ちよく感じられないのだ。このC触覚線維は社会的神経とも呼ばれ、全身の皮膚に分布している触覚受容器で、脳では島皮質といわれる快を感じる部位や、扁桃《へんとう》体《たい》、視床下部といったオキシトシンシステムとも連動していて、気持ちよさを感じるとオキシトシンの分泌が促される。

ＡＳＤの人は、このオキシトシンシステムにも問題があるようだ。米国の精神科医、ホランダーたちのグループは、成人の自閉症の患者にオキシトシンを吸入させる治療を行った。すると生理食塩水を吸入したグループよりも、自傷行為や常同行動が減る効果があった。

著者の実験でも、自閉症の子どもにマッサージセラピーを2週間続けた結果、オキシトシンの分泌が増えると同時に、常同行動が減る効果もみられている。これらの結果から、自傷行為や常同行動は、オキシトシンシステムと関係がありそうだ。

オキシトシンが分泌されることによって、自分自身とつながりを持てるようになり、自傷行為や常同行動が減るのだろう。

本来であればオキシトシンやセロトニンは、他人に優しく触れてもらったり、自分に優しく触れることで分泌される。しかしそのような患者は、他人にそのように触れられた経験に乏しかったのだろう。その結果として、自分が価値ある存在とは思えず、自己肯定感が低下し、自分を傷つける行為として自傷行為やＢＦＲＢをしてしまうと考えられる。

心を映す皮膚感覚

好きな人に触れられる効能

乾癬《かんせん》という皮膚の病気がある。日本の人口の1～3%の人がかかっており、免疫の異常によって皮膚や関節に赤い発疹ができ、その表面に厚くなった角層が付着して剝《は》がれ落ちる。感染症ではないため周囲の人にうつることはないが、約半数の患者にかゆみが現れるという。

乾癬の患者と、健常な人の心理状態や触れ合いについて調べたオーストリアの皮膚科医、ラホーゼンたちによると、患者は自己肯定感が低く、人と関わる場面を避ける傾向があることがわかった。さらに乾癬の患者は、人と関わる場面を避けるだけではなく、「両親になでてもらった記憶が薄い」「自分をなでても気持ちよく感じない」といった皮膚を中心とした感覚の問題も抱えているという。このような傾向というのは、皮膚の持つ「隔てる」と「分ける」の分類でいえば、ポジティブに「隔てる」感覚が弱まっていて、悪い面での「隔てる」感覚が強化されているともいえる。

詳しくは後述するが、「自分をなでても気持ちよく感じない」ということは、自己肯定感が低く、自分を受け入れていない人にみられる特徴でもある。しかし興味深いことに、患者はパートナーに触れられることだけは喜びとして感じていた。ラホーゼンたちは、「皮膚病のことをパートナーに受け入れてもらっていることへの感謝の気持ちがあるからだろう」と述べている。

自分のことは受け入れられなくても、パートナーが病気を受け入れてくれたことへの感謝の気持ちが、触れられることを喜びへと転換させたのだ。こうして人とのつながりができることで、次第に自分自身を受け入れる気持ちが芽生え、自分とのつながりが持てるようになるだろう。次章で述べるが、感謝の気持ちはオキシトシンシステムを起動するからである。

自分を嫌いな人は、痛みから〝快感〟を感じる

著者は2020年の秋、オンラインを通じて大学生に実験に参加してもらった。個々の学生には、自己肯定感の高さについて、「自分を好きか否か」といった質問に答えてもらった。次に3種類のセルフタッチ（右手の人差し指で左腕をなでる、右手の手のひらで左腕を包むようになでる、右手の爪の先で左腕を引っかく）をそれぞれやってもらい、各々の気持ちよさや、痛みの程度について答えてもらった。その結果は次の通りであった。

①自己肯定感は女性より男性のほうが高い
②人差し指で腕をなでるのは、男性のほうが好む
③手のひらで腕を包み込むようになでるのは、女性のほうが好む
④自分のことが嫌いな人ほど、触れられるのも嫌い
⑤自分のことが嫌いな人ほど、爪で腕を引っかくと気持ちいいと感じる

図7　「自分を嫌いな人」は痛みから“快感”を感じる

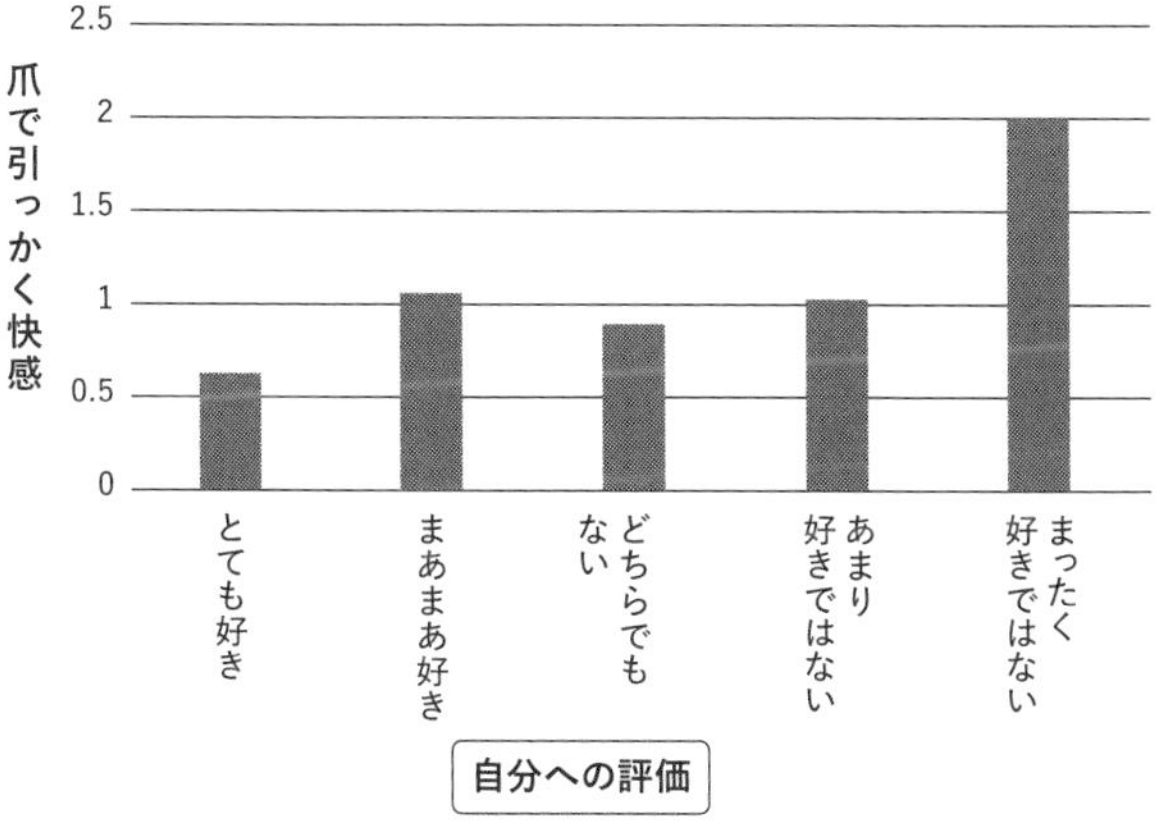

この実験は、健常な大学生を対象にしたもので、もちろん患者のデータとは違うものである。だから普段からストレスなどを感じたときに、皮膚をかきむしったりしているわけではない。それにもかかわらず、SPDの患者と同じ傾向があることがわかった。前述の患者のことは、自分とは関係ないと思われていたかもしれないが、そうではないのだ。

とくに⑤は興味深い結果である。ではなぜ「自分のことが嫌いな人」は、引っかいた痛みを「気持ちいい」と感じてしまうのだろう。

痛みと快感は紙一重

これまで長い間、生理学では痛みと快感というのは正反対の感覚であると考えられてきた。どの生物も、痛みを避け、快感があるものには接近するように行動しているからだ。しかし実際にはそう単純ではないようだ。人はいつも安心・安全で快適な選択をするのではなく、時にわざわざ危険な刺激を求めることがある。人は自傷行為ではないが、バンジージャンプやスカイダイビングなどの命を危険にさらす行為をわざわざすることがある。その理由として、脳の中で快を感じるオピオイドやドーパミンが不足しており、つまり感情的に「麻痺」したような状態にあり、それを緩和したい欲求から行っているというのだ。だからどちらもやったあとにドーパミンが大量に分泌されて、すっきりしてハイになるような、強い快感がある。ドーパミンは依存性があるため、今度はそれをやめられないことになる。

話を痛みに戻そう。バンジージャンプなどの危険な行為も脳では実は痛みとして感じている。

そして脳では、痛みと快感はかなり共通の反応をしている。痛みと快感の両方で、眼窩前頭皮質（ＯＦＣ）、扁桃体、側坐核《そくざかく》と腹側淡蒼球《ふくそくたんそうきゅう》でオピオイドが放出される。そして痛みを感じたときにそれに快感が伴うことはあっても、その逆に快感を感じるときに痛みを感じるということは起こらない。それゆえ、痛みを感じるときに活性化する脳部位のほうが広範囲であり、その中に快感を感じる部位も含まれているということなのだろう。

いずれにしても、痛みと快感は紙一重の、よく似た感覚なのだといえる。とくにストレスなどを感じているときには、痛みは容易に快感につながってくるようだ。

本来であれば、自傷行為などの皮膚を傷つける行為は、痛みを与えるため、自分自身を自分と隔ててしまうことになる。しかし自己肯定感が低く、自分を嫌いだという人は、そのような嫌いな自分と隔たり、距離を持つことに、むしろ喜びを感じることは容易に想像できるだろう。

そこで自己肯定感が低く自分を嫌いな人は、皮膚に痛みを与えることで、ドーパミンを大量に放出するようになり、痛みを快感に変えてしまうのではないだろうか。だから痛みよりも快感のほうが強くなり、そのような行為がエスカレートしてしまうのだと思う。

さらにこうした傾向は、拒食症の患者にもみられる。拒食症の患者は自己肯定感が低いことが多く、無意識のうちに自分を攻撃するために拒食をするという心の構造があるという。また、拒食症の患者は皮膚感覚も麻痺したように鈍感になっており、自傷行為も多くみられる。

こうした行為を「異常」だとしてやめさせるだけでは、解決にならない。なぜならそのような行為には理由があり、「見返り」もあるから、何度も繰り返してしまうのである。

どうしたらよいのだろうか。

このような人は、自己を攻撃して刺激を与えることで、麻痺しそうな身体の感覚を覚醒させているとも考えることができる。つまり「生きたい」という身体の内部から湧き起こってくる欲望が表れて、そこにもっとも過激な刺激である痛みを与えることでドーパミンを放出させて、自己の感覚を覚醒させようとしていると考えられる。

心理的な解釈をすれば、皮膚に痛みを与えることで、「認めたくない」「受け入れられない」自分自身と隔たっていようという心の表れであるため、そのような心の持ち方を解決することが先決である。

だから、まずは自分自身とのつながりを取り戻すようなやり方が効果的だということになる。具体的なやり方は、この章の後半に詳しく紹介するが、このような自傷行為は患者だけが行っている行動というわけではない。誰でも強いストレスを長期にわたって感じていたり、自己嫌悪に陥ったりしたときに無意識のうちにしている行動である。

無意識の行動を意識化してみる

ここまで述べてきたように、人は誰でも無意識のうちに、かゆいところをかいたり、貧乏ゆすりをしたり、髪の毛をいじったりといった行動をしている。そうした行動をすると、気持ちが落ち着いたり、ストレスが癒やされたりすることを体が知っているからである。動物実験でみてきたように、ストレスがあるときに身だしなみ（グルーミング）行動をするのは、セロトニンの分泌を促して、心を安定させ、身体のホメオスタシスを回復させる作用があるからだ。

チックなどの常同行動を研究している、米国マーケット大学の心理学者、ウッズによれば、患者の多くはチックをすることで、一時的な気分転換や満足感、解放感といった「見返り」を手に入れているのだという。そして「体を動かす癖で留意すべき点は、認知的なリソースを使う必要がないということだ」という。現在の主流の心理療法は、認知行動療法といって、人の不合理な認知、つまり考え方を変えることでストレスや抑うつの治療をしようとする傾向がある。しかし認知を変えるのは容易なことではない。実際、専門家のところに何年も通い、自分と向き合って不合理な認知を変えるという作業は非常に骨が折れる。

その点では、体を繰り返し動かしたり、皮膚に刺激を与えるといった行為は、ストレスや不安を即座に発散できるため、簡易的なストレス対処の方法として意味がある。

念のため言っておくが、もちろんBFRBやSPDのように、皮膚への刺激を自傷行為として極端な形でやってしまう場合は、危険が伴う。その上、自分自身と隔たってしまい、自己肯定感がますます低くなってしまう。

しかしそのような自傷行為としてではなく、タッピングのようなマイルドな刺激を繰り返し皮膚に与えるのであれば、それによって脳でオキシトシンやセロトニンの分泌を促し、ストレスが癒やされ、自分自身とのつながりを回復させるため、そこに注目してみようということである。

2章で述べたような、自分に優しく触れるような刺激は、自己肯定感が低くストレスが強い人にとってはかえって不快な刺激になってしまうので、お勧めできない。そうではなくそのような人には、繰り返しタッピングのようなマイルドな軽い刺激を皮膚に与えるほうが効果的なのである。

そして興味深いことに、P85で紹介したように、ストレスを感じたときに人が無意識のうちにしているこのような「対処行動」は、自分の意思でやろうと思って意識してやった場合でも、同様の効果があることも確かめられている。
このあたりのメカニズムを整理して述べると次のようになる。

①身体への刺激が、ストレスを癒やすためには必要不可欠である
②自己肯定感が低い人の場合は、皮膚にタッピングのようなマイルドな軽い刺激を繰り返し与えることで、ストレスが緩和され、幸福感を感じられる
③身体を無意識のうちに刺激しても、意識して刺激しても、効果は同じである

つまり、ずっとストレスが続いている、生きがいを感じられない、不安な日々を少しでも落ち着いて過ごしたいなどといった、誰にでもよくあるレベルの感情のゆらぎに対しては、意識して皮膚に繰り返し同じ刺激を与えることで、オキシトシンやセロトニンの分泌を促し、その効果で癒やされるのである。ただしタッピングのようなマイルドな刺激でなければならない。

このような視点から、これからいくつかのセルフタッチのバリエーションを紹介したい。もちろん、皮膚を傷つけたりする自傷行為を勧めているわけではなく、あくまでマイルドな刺激を繰り返し与える方法として安心して実践していただきたい。

セルフタッチを用いたストレス解消法

ここではマイルドな刺激を皮膚に与えるストレス解消法について紹介する。ストレスにもさまざまな種類があるため、原因ではなく、症状（感情）別に、四つの対処法を紹介しよう（表3）。ネガティブな気持ちのとき、自分に合ったやり方のものを見つけて、やってほしい。

不安なとき

不安は自己防衛の感情である。感情の中で進化的にもっとも古いものであると考えられている。アメリカ人の実に85％は毎日不安に悩まされているという。さらに心配事の85％は、実際には起こらない事柄についての悩みだという。

表3　4種類のストレス反応と、皮膚を刺激する方法

不安なとき	顔・胸タッピング メンタルクリアボタン
イライラするとき	フォアヘッド・タッピング 首・肩タッピング
落ち込んでいるとき	バタフライ・ハグ 頭皮タッピング
疲れているとき	フェイス・タッピング&プレス 熱めのシャワー

私たちは、実際に起こらないことについてくよくよ悩む癖がついてしまい、それが脳の能力の多くを奪っているのである。

　このような状態の人は、顔・胸タッピングや、メンタルクリアボタンがお勧めだ。

顔・胸タッピング

　人は不安や緊張を感じると、鎖骨の周辺の筋肉（胸鎖乳突筋《きょうさにゅうとつきん》や大胸《だいきょう》筋）が収縮して、身体を小さく屈《かが》めて身を守ろうとする姿勢をとる。また同時に、顔の咬《こう》筋や大頬骨筋《だいきょうこつ》のあたりも収縮して、

顔が引きつることになる。そして胸の筋肉が収縮して呼吸が浅くなることから、胸筋をタッピングして緩めることで、呼吸を深くすることができる。

そこでそのあたりを中心にタッピングで刺激すると、自然に筋肉が緩んでくる（図8）。

①両手を鎖骨の前および上下の筋肉に当て、左右に手をスライドさせながらタッピングする
②両手を首の左右に当て、上下に手をスライドさせながらタッピングする
③顔の両側の頬に手を当てながら、上下左右にタッピングする
④呼吸が浅くなっているので、呼吸をゆっくり深くしながら、左右の肋骨《ろっこつ》に両手を当てながら、上下にタッピングする

これらのタッピングをしながら、その感覚を追いかけるように感じ続けることがポイントである。

図8　顔・胸タッピングで刺激する筋肉

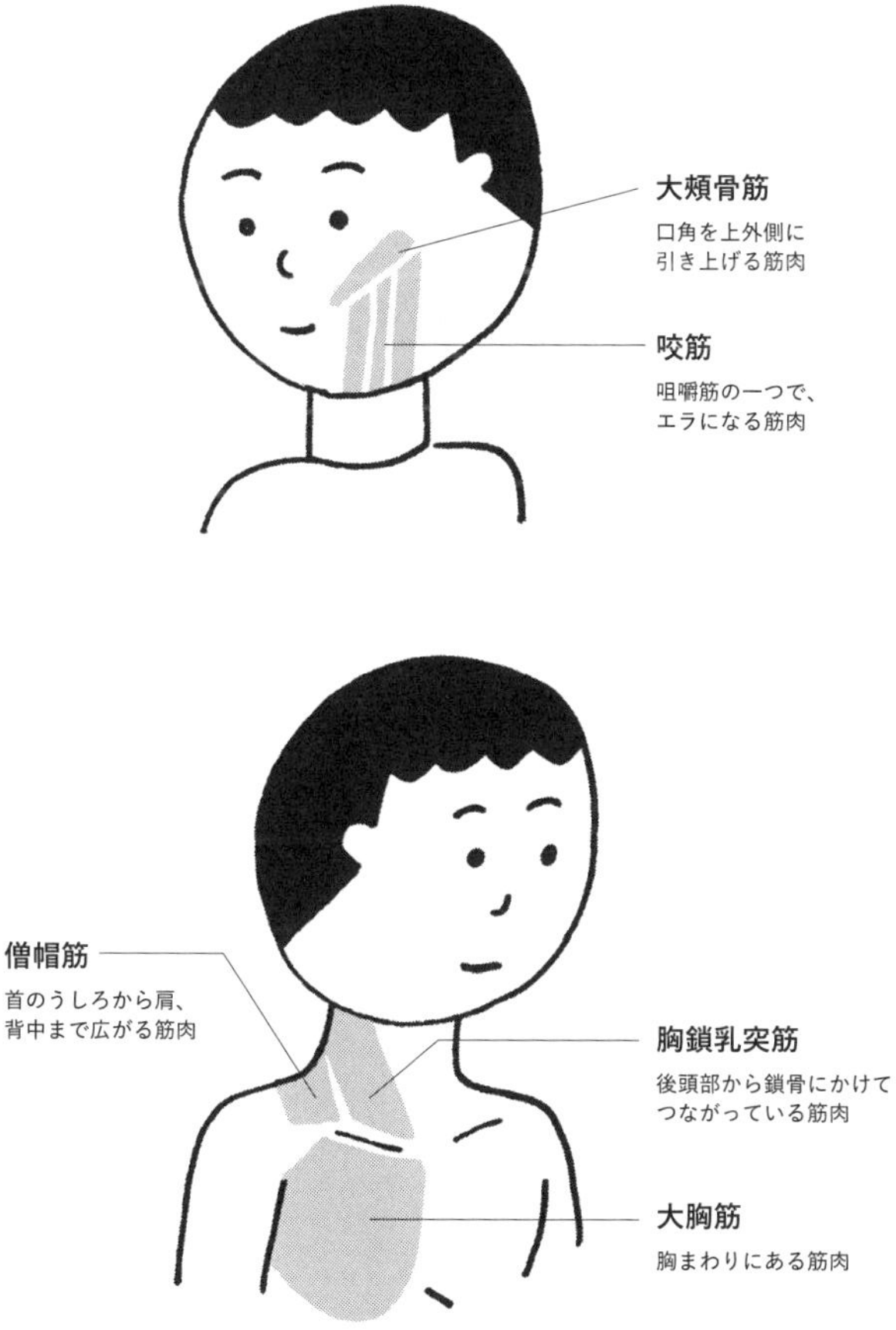

メンタルクリアボタン

これはスタンフォード大学の心理学者、ゴーイー博士が編み出したテクニックで、心配や悩みをやわらげる効果がある。

やり方は、実に簡単で、以下のように行う。

①手のひらの真ん中にボタンがあり、それを押すと、脳に信号が到達して、否定的で悲観的な思考や判断を停止させることができると想像しよう。左右どちらの手を使ってもかまわない。

②手のひらのボタンを押して、呼吸に意識を向ける。一度息を吸って息を吐き、心を解放するように、リラックスしてこの瞬間に意識を向ける。

③次に息を吸うときに、手のひらのボタンを押しながら「1」と数え、息を吐くとき「赤」をイメージする。

④2回目の息を吸う。手のひらのボタンを押しながら「2」と数え、息を吐くとき「青」をイメージする。

⑤ 3回目の息を吸う。手のひらのボタンを押しながら「3」と数え、息を吐くとき「緑」をイメージする。

ゴーイー博士によれば、手のひらのボタンを押しながら数字を数えることで、不安から気がそれ、一時的にネガティブな情報を追い出すことができるという。ボタンを使用することで、心配している思考を打ち破り、「今」に意識を集中し、脳の膨大な消耗を防ぐことができるのである。

イライラするとき

イライラや怒りは、自分の思い通りに物事が進まないことへの苛立ちであり、自己主張の感情である。

このような感情は、アドレナリンの分泌により、心臓血管を強く収縮させるため、血圧が上昇し、身体や脳にダメージを与えやすい。

イライラや怒りは、他者が自分の意のままに動いてくれない、などという不満な気持ちが根底にある。しかし人を変えようとするのは簡単なことではない。だから人を変えるのではなく、自分自身を変えることが解決策になる。

イライラしているときは、ノルアドレナリンというホルモンも出る。これは神経を興奮させ、血圧や心拍数を上げることで相手を攻撃する準備をする。

一方、皮膚にとってノルアドレナリンは、オキシトシンと同じく、肌の弾力性を高める作用がある（日本企業、ポーラ・オルビスグループの研究）。これは皮膚感覚的には、自己が膨張した感覚として感じられる。自己膨張とは、まさに自己の境界である皮膚が相手にまで膨張して一体感を感じさせる点が、オキシトシンの作用と似ている。ただし、オキシトシンは愛情に基づく友愛的な一体感であるのに対し、ノルアドレナリンは相手を支配下に置こうとする一体感という違いがある。

フォアヘッド・タッピング

怒りを鎮めるのに効果があるのは、フォアヘッド・タッピングである。

やり方は、次のようにシンプルであるが効果がある。

①どちらか一方の手の5本の指を広げて、自分のおでこに置く
②5本の指で、1秒ごとにおでこを軽く叩く
③これを10秒ほど続ける

効果のメカニズムは、人間の脳が限られた処理能力しか持たないことによる。

米国タフツ大学のロバーツ博士は、「目の前の甘いものを食べたいけど食べちゃいけない！」というような自制心によるストレスを減らすテクニックとして考案した。

この技法に効果がある理由の鍵を握るのが、ワーキングメモリである。ワーキングメモリとは、「作業や動作に必要な情報を一時的に記憶したり処理する能力」である。パソコンで一度に多くのアプリ（つまり思考）を立ち上げていると処理速度が遅くなるのと同様、人間の場合でもこの状態は脳にとって大きなストレスになる。

たとえば、ダイエットしている人の目の前に大好きなスイーツがあったとする。すると、「食べたい」という欲求と「食べちゃいけない」という抑制が同時に働く状態になる。この葛藤で、ワーキングメモリの多くがいっぱいになっている。

「しなくちゃいけない」と思っている仕事がいっぱいある、それなのにしてない、しているのに減らない、という状況もこれと同じである。考えただけでワーキングメモリはいっぱいになり、ストレスを感じてしまうのである。

こんなときにフォアヘッド・タッピングをするとどうなるのか。

ワーキングメモリの中が、さまざまな情報でいっぱいのときにフォアヘッド・タッピングをすると、「1秒ごとに額《ひたい》を叩く指への刺激」と「叩かれている額への振動」が同時に発生し、それらの刺激でワーキングメモリは満たされてくることになる。ワーキングメモリには容量があり、同時に大量の情報が入ってくると、新しく入ってきたほうに処理能力を分配するため、新しい刺激で古い思考が追い出されることになる。

その結果、ストレスの原因となっていた思考がワーキングメモリから追い出され、脳も心もクリアになるのである。

図9　おでこを軽く叩いて、ストレスを追い出す

やることがいっぱい、
でも、できていないイライラ状態
トントン
おでこを５本の指で
1秒ごとに軽く叩く
古い思考が追い出され、
脳も心もクリアになる

首・肩タッピング

イライラしているときは、首や肩の筋肉（P137図8の胸鎖乳突筋や僧帽筋《そうぼう》）に力が入っている。そして身体全体のエネルギー（気）が頭の部分に上がっているため、「頭に血がのぼっている」状態になっている。

そこで頭や、首肩まわりの筋肉の上に手を当て、5本の指先でトントンと軽くリズミカルに叩く。このとき、タッピングしながら、その手を上から下に下ろしていき、意識をタッピングしている部位に向けてついていくようにする。こうすることで、意識を上から下に下ろすことができ、イライラも鎮まってくる。やり方は次の通り。

①両手の指先を頭頂に置く
②頭頂から耳の前を通り、頬《ほお》まで上から下方向にタッピングしていく（5回繰り返す）
③首の両側（胸鎖乳突筋や僧帽筋）に両手の指先を当てる
④胸鎖乳突筋や僧帽筋から鎖骨、肩甲骨の前を通り、肋骨の間を通り、下腹まで、上から下方向にタッピングしていく（5回繰り返す）

このように上から下に向かって意識を下げることで、落ち着きを取り戻すことができる。さらに頬や首、肩まわりの筋肉が緩むことで、身体からもイライラを解放することができる。

落ち込んでいるとき

抑うつは実存（自尊）の感情である。それが傷つけられたから落ち込むのである。自分が生きている価値がわからなくなり、何もやる気が出なくなってしまう。

抑うつはセロトニンの不足が原因であることは知られている。セロトニンは幸福ホルモンとも呼ばれ、皮膚にもその受容体がある。そしてオキシトシンと同様に、触れられることによっても分泌され、幸福感をもたらす働きをしている。

セロトニンが不足すると、脳はやる気を出せず、皮膚感覚を要求する。たとえばリズミカルな皮膚への刺激（散歩やガムをかむなど）、日光浴などである。こうした皮膚への刺激によってセロトニンが分泌される。

これを効果的に行うのが、バタフライ・ハグである。

バタフライ・ハグ

バタフライ・ハグは、胸のところで両親指を交差させた形で、左右の肋骨のあたりを交互にゆっくり刺激する方法である。もともとはＥＭＤＲ（眼球運動による脱感作と再処理法）という眼球を左右に動かすトラウマ治療の一環として行われている。バタフライ・ハグもＥＭＤＲと同じく、身体の左右領域に交互に皮膚刺激を与えることで、左右の脳半球に交互に刺激が入力され、バランスが取れることで効果を発揮する。バタフライ・ハグには、自分自身で自分を抱きしめる感覚もあるため、他者に抱きしめられたかのような安心感も得られる。具体的なやり方を次に示す。

①両親指を交差させて胸のあたりに置き、鎖骨の下あたりに指先が当たるようにする

②右手、左手、右手の順番に、鎖骨の下あたりを交互に1秒間隔で軽く叩く

図10　バタフライ・ハグで自分を癒す

③ 叩きながら、自分を落ち込ませる嫌な出来事について鮮明に思い出す

④ 3分間ほどやったら終了

これを繰り返していると嫌な出来事を思い出しても感受性が薄らいでいくため、悲しみや落ち込みが小さくなっていく。

頭皮タッピング

人は落ち込んでいたり、精神的なストレスを抱えていると、頭皮の血流が悪くなってくる。それは、皮膚の下にある筋肉や組織が凝り固まってしまい、血流が悪くなってくるからである。具体的には、額の部分にある前頭筋、後頭部にある後頭筋、そしてそれらをつないでいる頭頂部にある組織の帽状腱膜《ぼうじょうけんまく》が凝り固まってくる。すると頭痛の原因になったり、脱毛や、顔のシワやたるみの原因にもなってくるため、急に老けた印象や、顔色が悪い、といった外見にも表れてくる。

そのような場合、頭皮全体を軽く刺激して血行を良くする頭皮タッピングが効果的である。

頭皮の血流がよくなると、それにつれて顔の皮膚や筋肉の血流もよくなるため、塞いだ気分から解放され、慢性的なストレスも緩和される。

やり方は次の通りである。

①両手の指を頭頂部に置く
②1秒に2回のペースで、タッピングする
③タッピングしながら、帽状髄膜の範囲全体を意識しながら、手を前から後ろ、後ろから前へと動かす
④1分程度タッピングして終了する

図11　頭皮タッピングで刺激する筋肉

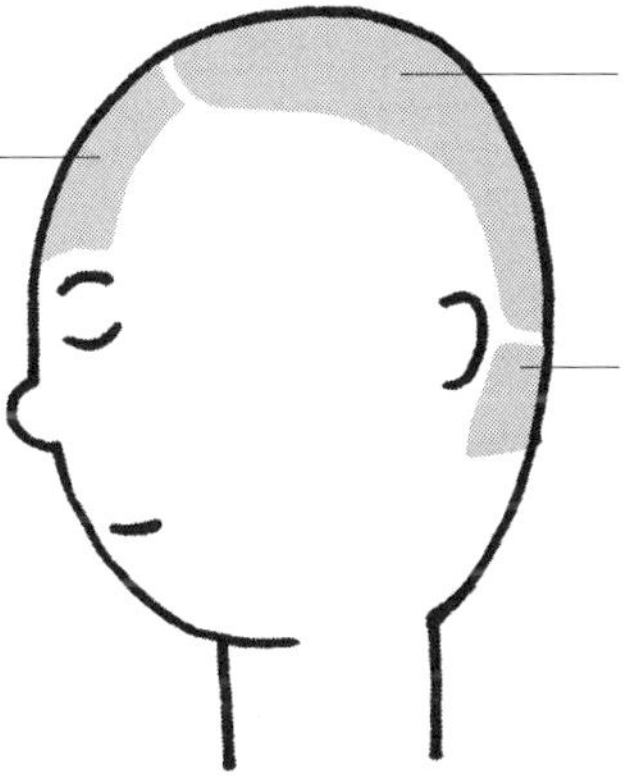
帽状腱膜
頭を覆う、
薄くて丈夫な膜
前頭筋
額の部分に
ある筋肉
後頭筋
後頭部にある筋肉

疲れているとき

フェイス・タッピング&プレス

　顔の感覚を司る領域は脳の中でも占める割合が大きく、また顔の皮膚には快適さを感じる触覚の神経線維が密に集まっている。そのため顔の皮膚を刺激することで心に与える影響は、他の部位よりも非常に大きいことになる。

　タッピングやプレスは、覚醒水準を上げてシャキッとする作用と、それとは逆に覚醒水準を下げて眠りを誘う両方向の作用があることがわかっている。そのため、朝の起床時や、仕事の合間の疲れたときやボーッとしてしまったときにこれをやると、頭がクリアになりリフレッシュ効果がある。また夜の寝る前にこれをやると、リラックス感が増して眠りにつきやすくなる。やり方は次の通り、いたって簡単だ。

① 顔全体を両手の指先で軽くタッピングする。シャキッとしたいときには速めのスピードで行い、リラックスしたいときにはゆっくりとした速度で行う
② 頬を両手のひらで包みこみ、そのまま軽く圧をかけながらプレスする。手は動かす必要はない。そのまま30秒～1分ほど皮膚の感覚を感じよう。余計なことを考えるのはやめ、ゆっくりと呼吸をしながら顔の感覚に意識を向けてみる
③ ①と②を2回繰り返す

熱めのシャワー

「皮膚は露出した脳」とも言われるように、心に与える影響は極めて大きい。それゆえ皮膚にマイルドな刺激を繰り返し与えると、心もリフレッシュする効果がある。疲労回復の方法として、熱めのシャワーを勧めたい。

少し熱めのお湯を頭から顔、胸、腹、脚、というように順番に全身にかけていこう。1ヵ所につき30秒程度で次々と移動していくと、脳の感覚野《や》の広い面積が適度に刺激され、皮膚感覚が覚醒される。

心のバランスを取り戻すために

皮膚を攻撃してしまう行為の裏側には、外側から襲ってくるストレスに対して内側の心が耐えきれないという葛藤が皮膚の不快な感覚として表れていることが多い。そこで、自己を傷つけることで、受け入れられない自分と隔てようという複雑な心が、皮膚を舞台として展開されている。しかしそのような攻撃は、ストレスに対処するためにとっている無意識の行動である。そこでそのような「激しく」「無意識に」してしまう行為を参考にして、それを「マイルドに」「自分で意識して」行うことは、身体の内側に聞いて、身体が無意識のうちにやろうとしていることを汲《く》み取ることでもある。

とくに自分を受け入れられないという自己肯定感が低い人や、不安やイライラといったストレスを抱えた人にとっては、心のバランスを回復させる効果がある。

心のバランスを回復させるのに大事な役割を持っているのは、脳で分泌されるオキシトシンとセロトニンである。そこで次の4章では、とくにオキシトシンを自分で分泌させて、心のバランスを取り戻し、ストレスを解消するやり方について紹介していこう。

4章◎幸せはいつも皮膚から生まれる

オキシトシンは自分で増やせる

本章では、幸せホルモンのオキシトシンを自分自身で分泌させるための方法について、さまざまな角度から提案していきたい。オキシトシンは主に親密な人と交流をするときに分泌されるホルモンであるが、そのようなことが難しい場合もあるだろう。不安やストレスが高まったとき、自分自身でオキシトシンを増やす方法を知っていれば、すぐにそれを実践して、ストレスの悪影響を取り除くことができるようになる。

簡単にできる方法を紹介するので、ぜひ実践していただきたい。

五感を刺激する

オキシトシンには、五感の刺激に反応して分泌される性質がある。

最近の脳科学の研究では、オキシトシンは五感の感じ方の調整にも関わっていることもわかってきた。たとえば発達障害（とくに自閉症など）の人の場合、すぐに靴下を脱いで裸足になりたがったり、特定の音を嫌がったりといった五感の過敏や、逆に熱さや痛みに鈍感だったりといった感覚の問題を抱えていることが多いが、それらもオキシトシンの問題が原因であるとも考えられている。動物実験では、ラットの赤ちゃんの感覚を司る脳の神経が発達するときに、オキシトシンがうまく分泌されていないと、五感の発達に問題が生じてしまうこともわかっている。

さて、オキシトシンの分泌を促す五感の特徴についてみていこう。

嗅覚：ラベンダーはオキシトシンを分泌

ラベンダーの香りが好きな人は多いと思う。ラベンダーの匂いにはリラックス効果があることはこれまでの研究からもわかっていたが、最近は人を信頼させたり、オキシトシンを分泌させる効果まであることもわかってきた。

オランダの心理学者、セラロたちは実験参加者に投資ゲームに参加してもらった。二人ペアになり、一方の参加者にはまず5ユーロを渡し、そのうちのいくらでもよいので相手に預けるよう依頼する。このとき相手は、預けられたお金を3倍にしてくれるが、そのうちのいくら返してくれるか、については相手が決めると伝えられる。このとき相手にいくら預けるか、その金額を確かめてみた。相手を信頼している人ほど、高額のお金を相手に預けるだろうというわけだ。さらにこのとき、ラベンダーを嗅がせるグループ、ペパーミントを嗅がせるグループ、何も嗅がせないグループの三つに分けて比べてみた。するとラベンダーを嗅いだグループは他の二つのグループよりも、相手に多くのお金を預けることがわかった。

では、なぜ人を信頼させる効果があるのだろうか。

北里大学の緒方たちの研究チームによると、ラットの脳からオキシトシンを作る神経を取り出して、薄めたラベンダーオイルをかけてみた。するとオキシトシン神経が活性化されることがわかった。ということはオキシトシンが分泌されるのは、リラックスや快適になるといった心の変化とは別に、ラベンダーオイルの持つ化学的な作用によるものだということになる。ラベンダーオイルの主成分であるリナロールと酢酸リナリルは、動物実験でも抗炎症、抗がん、抗高脂血症、鎮痛などの作用が認められており、それが脳に化学的な作用をもたらし、直接オキシトシンの分泌が増え、人への信頼感が高まると考えられる。

リナロールや酢酸リナリルが多い他の精油として、クラリセージオイルやベルガモットなどもある。実際、聖路加国際大学の田所たちのグループの研究でも、人を対象にクラリセージオイルを嗅がせたところ、オキシトシンの分泌量が増えることも確認されている。著者はクラリセージオイルの匂いを嗅いだことがあり、あまり好きな香りではなかったのだが、化学的な作用でオキシトシンは分泌されていたのだろう、嗅いだあとに行った講演は非常にリラックスして話せたのを覚えている。

ストレスがたまっているときや、夫婦関係や親子の関係がぎくしゃくしたときなど、部屋にラベンダーなどのアロマを焚くのもよいだろう。

聴覚：ゆったりしたリズムでリラックス

ストレスや不安を感じているときには、ゆったりとした音楽を聴いてリラックスしたいだろう。

NTTの大石たちの研究グループは、ショパンのピアノ曲を素材に、ゆっくりしたテンポの曲と、速いテンポの曲を、それぞれ20分間聴かせたときのオキシトシンやコルチゾールの変化を調べてみた。するとオキシトシンは前者で増加するのに対して、コルチゾールは後者で減少することがわかった（図12）。

つまりゆったりとリラックスしたいときや、友人や恋人など親しい人との交流を楽しみたいときには、ゆっくりしたテンポの曲を聴くとオキシトシンが増えて親密さが高まる。一方で、ストレスを解消したいときは速いテンポの音楽を聴くのが効果的だ

図12　曲のテンポとオキシトシンの分泌量の関係

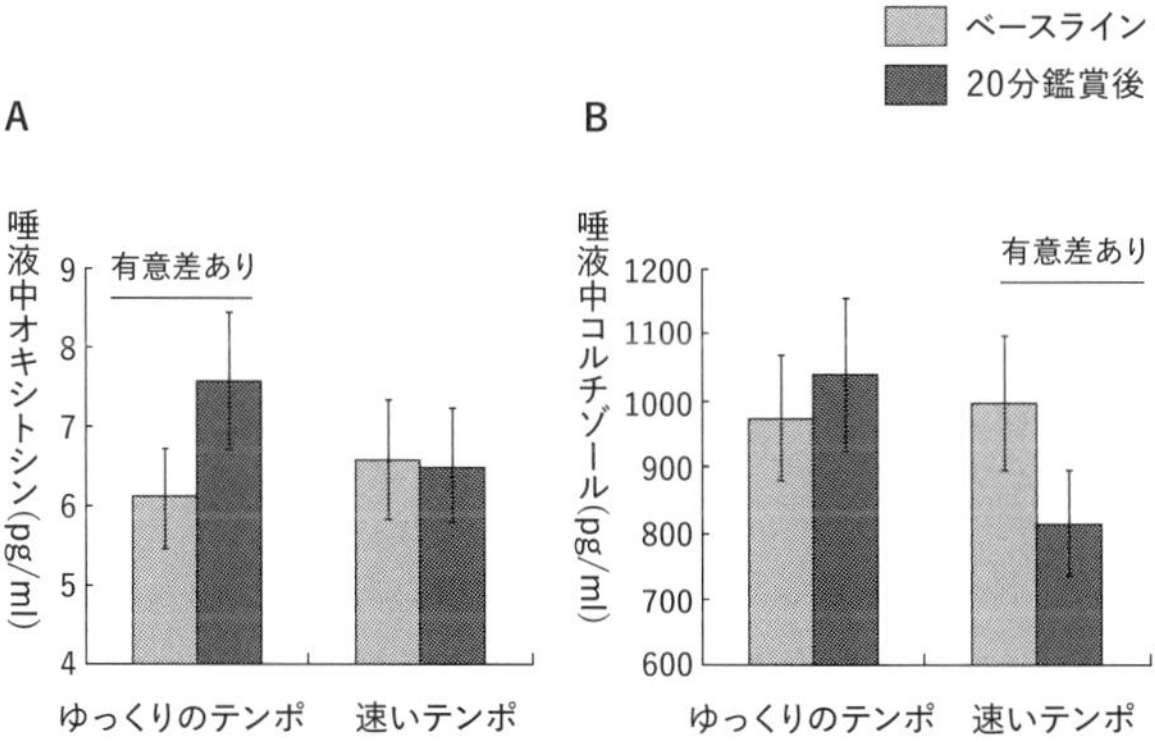

Ooishi,Y. et al.(2017) を基に作成

といえるだろう。

さらに歌を歌うことでもオキシトシンが分泌される。

スウェーデンの心理学者、グレープたちはアマチュアとプロを対象として、6ヵ月の歌のレッスンの前後でオキシトシンなどの測定を行ったところ、両グループともにオキシトシンの分泌が上昇することがわかった。歌を歌うことは腹式呼吸も行うため、セロトニンも分泌される。

音楽のよいところは、さまざまな場面で活用できることである。

たとえばスウェーデンの心臓外科医の

ニルソンたちは、心臓病の手術後の患者を二つのグループに分けて、一方には30分間スージング・ミュージック（リラックスさせる音楽）を聴かせ、もう一方には音楽は聴かせずに過ごしてもらい、オキシトシンや心拍、血中酸素濃度などを測定した。その結果、前者は後者に比べて、オキシトシンの分泌が増加して、心拍も緩やかになっていることがわかった。

また親子の遊びや睡眠時にも音楽は活用できる。著者が企業と行った研究でも、リラックスさせる音楽CDを親子に聴いてもらったところ、親子ともにオキシトシンが増える効果が認められた。

音楽には気分を沈静化させてリラックスさせる作用もあるし、活気づけて元気にさせる作用もある。BGMで背景として聞こえてくるような楽しみ方よりも、意識を音楽に集中しながら聴くほうがより効果的だ。

音楽を聴いたり歌を歌ったりすることは、誰でも気軽にでき、ストレスが癒やされ幸福を感じることができる。日常に音楽を取り入れた生活を楽しんでほしいと思う。

皮膚感覚：心地よい感触が幸福感を生む

触覚や皮膚感覚は、著者がこれまで研究してきた分野でもあるので、とくに最新の研究について紹介しよう。

著者が企業と共同で行った研究では、柔らかくサラサラした心地よい布に触れるだけで、オキシトシンが増えることも確認している。そしてオキシトシンが増えた人は、同時に気持ちよさの評価も高い評定をしていた。だから肌触りがよいものに触れると、オキシトシンが増えるといえそうだ。

その理由であるが、最近の研究によると、人が快適さを感じる触覚線維（C触覚線維）が皮膚の有毛部にあり、それは秒速3〜10cm（平均秒速5cm）程度のゆっくりした速度で動くやわらかい刺激にのみ反応するためである。そしてその触覚神経の分枝が脳の視床下部にも到達し、オキシトシンが分泌されるというメカニズムがあることもわかってきた。このことから、快適さといった心の状態とは関係なく、単純にやわらかいものにゆっくりと触れるという神経のメカニズムだけで、オキシトシンの分泌が高まる点で、匂い物質の場合と同じだ。「気持ちいい」という感覚は、オキシトシンが分泌されるための必要条件とはなっておらず、単にあとから感じる感覚に過ぎないようだ。「幸せな現実」が目の前になくても、このような簡単なことで幸せな気持ちを生むことができるのだ。

さてこのC触覚線維は、触れる物の温度によって神経の活性化が異なっている。実験では、32℃の温度でもっとも神経線維が活性化するが、それより高すぎても低すぎても興奮が弱まってしまうのだ。つまりこの温度というのは、皮膚の表面温度と同じである。このことから、この神経線維は、スキンシップに反応して心地よさを感じるために進化したのだと考えられている。

母親が子どもを抱き母乳を与える、恋人や友人同士でハグをする、病人の身体を看護師がなでてあげる、さまざまな触れ合いによって絆が強くなるのは、まさにこのような心地いい触覚の刺激がオキシトシンの分泌を促すからである。

また先に述べたように、自閉症の子どもは触覚を過敏に感じてしまう触覚防衛があるため、人に触れられることを嫌がることが多い。そこで私が2020年に行った研究では、自閉症の子どもに、腕をセルフマッサージしてもらう効果について検証した。セルフマッサージを行ったのは、自閉症の子どもは「他人に触れられる」のは嫌がるが、「自分で自分に触れる」ことは嫌がらないからである。触覚の特徴として、外部からの刺激は大きく感じるのに対して、自分で生み出す触覚刺激は、脳で抑制されるため、感じ方が小さくなるからだ。

実験では、8人の自閉症の子どもに、セルフマッサージを週に1回、行ってもらったところ、母親からは「楽しそうにやっていた」「笑顔でやっていた」といった感想が多く寄せられ、不思議そうにじっと腕を見ながら行った子どももいた。ネガティブな反応はほぼまったくみられなかったことから、症状を抑えるための非常に効果が高いやり方であると考えている。

味覚（食事）：絆が深まる

厳密にいうと味覚ではなく、むしろ触覚刺激ともいえるが、食べ物を食べることでもオキシトシンは分泌される。それは口腔《こうくう》粘膜に食べ物が接触すると、それが触覚刺激となって脳に届き、オキシトシンが分泌されるからである。

さらに食べ物が胃や腸管に達すると、腸で分泌されるホルモンのコレシストキニンが迷走神経（リラックスさせる機能を持つ自律神経）を刺激する。するとその刺激が脳に入り、そこから視床下部にあるオキシトシンを作る細胞を刺激するのだ。こうしたメカニズムがあるからこそ、人は仲良くなりたい人を食事に誘うことが多いし、親しい人と食事をして満腹感を感じると幸福に包まれるようになる。ビジネスの話だけであれば、お茶だけで済ますというように使い分けているようだ。

同じことは、赤ちゃんが母親の乳首に吸いつくときにも起きている。赤ちゃんの口の粘膜が刺激されると、赤ちゃんの脳でオキシトシンが分泌される。するとストレスに対抗する作用や、落ち着きを取り戻したり、成長を促す効果として赤ちゃんに作用する。また同時に母親の脳では、乳首を吸われる触覚刺激が脳に届き、オキシトシンが分泌される。こうして母子の絆が強まり愛着関係が築かれていくことになる。

赤ちゃんがおしゃぶりを吸うことでも口腔粘膜が刺激されるため、オキシトシンが分泌されるが、やはり抱っこのようなスキンシップで皮膚感覚も同時に刺激したほうが、より多く分泌され愛着の絆も深まる。

さらに大人の社交の場面でも効果がある。オキシトシンはタバコを吸う、お酒を飲む、ガムをかむといった口腔粘膜の刺激でも分泌される。こうしてタバコ仲間や、飲み仲間の絆が強くなるのだ。

視覚：目で愛でる効果

視覚の影響として、「好きな人の顔を見るとオキシトシンが分泌される」ことはわかっている。たとえば赤ちゃんでも母親の姿を見るだけで分泌される。

さらに五感というのは、ほとんどの場合はそれぞれを別々に感じているわけではなく、他の感覚と一緒になって感じている。そのように考えると、何かを「見る」ことによって他の感覚が影響を受けてオキシトシンが出るということもある。

たとえば触覚の項で紹介したC触覚線維との関係では、ハグしたりマッサージしている動画を見るだけでも、自分がハグしているように感じてC触覚線維の活動が高まることもわかっている。そして、その結果としてオキシトシンが分泌され、幸福感が高まる。だから恋愛映画やドラマを見て感情移入するのは、オキシトシンを増やしてくれるといえるだろう。

また同様の理由で、好きな人のポスターを部屋に飾ったり、庭に花などを植えて愛《め》でることでも分泌されるだろう。

そして興味深いことに、オキシトシンが増えた結果として、見え方が変わるということもある。たとえば、オキシトシンを鼻から吸って脳に入れると、相手の目の部分により注目するようになり、相手の気持ちにより敏感になる。

また、同様の方法でオキシトシンを増やすと、高カロリーの食事を見ても、食欲を司る脳の活性化を抑制する作用があることも認められている。通常であれば、空腹の人が高カロリーの食事を見ると、低カロリーの食事を見るよりも、食欲を司る視床下部が活性化する。しかしケンブリッジ大学の研究チームにより、オキシトシンを吸入した人は、高カロリーの食事を見ても、視床下部の活性化が抑えられることが発見された。よく「幸せでお腹がいっぱいだ」などと言うことがあるが、オキシトシンの作用で幸福を感じると同時に、食欲を抑えてくれる効果もあるわけだ。家族団らんは、ダイエット効果もあるのである。

自分をいたわり、思いやる

マインドフルネスとオキシトシン

マインドフルネスとは、過去の経験や先入観といった雑念にとらわれることなく、身体の五感に意識を集中させ、「今、瞬間の気持ち」「今ある身体状況」といった現実をあるがままに知覚して受け入れる心を育む訓練のことを指す。つまり、「今、ここで」の経験に、評価や判断を加えることなく、能動的な注意を向けること、であるといえる。人の悩みは、過去の過ぎ去ったことをくよくよ考えてしまったり、将来まだ起こるかわからないことをあれこれ考えて心配したりすることから生じる。そうであれば、考えるのをやめれば、人は悩みから解放されることになる。その方法として、考えるのではなく感じる心を育むことが大切である。

感じるとは、「今、ここで」、五感で外の世界を感じたり、身体内部の感覚を感じたりすることである。そのためマインドフルネスのやり方では、呼吸や身体感覚、あるいは聴覚や視覚などの五感に意識を向け続ける練習をするのである。

このようにマインドフルネスは、五感の感覚に意識を向け続けようとするため、オキシトシンのシステムとも関係があり、実際の研究でもマインドフルネスをすると、オキシトシンが分泌されることもわかっている。

たとえばスペインの心理学者、ベリョスタ＝バタリャたちは、大学生をランダムに、マインドフルネスを行うグループと、やらないグループに分け、それぞれの前後で唾液中のオキシトシンや、不安、気分について測定してみた。マインドフルネスを行うグループは15分間の瞑想（呼吸や身体の感覚に注意を向ける）を2回行い、もう一つのグループは共感を高めるために、提示した顔写真の人の気持ちを推測する課題をやってもらった。実験の結果、マインドフルネスを実施したグループは、オキシトシンの分泌が増えると同時に、不安やストレスが低下したが、もう一方のグループでは変化は見られなかった。

また逆に、外因性のオキシトシンを鼻から吸って脳に入れたグループと、吸わないグループを比較した米国の心理学者、カペレンたちの研究では、前者は後者よりも、瞑想の効果がより大きくなることがわかった。前者はスピリチュアリティ（この研究では、「世界や他人との一体感」）がより高まったり、ポジティブな気持ちがより高まるといった効果も得られている。

以上のようにマインドフルネスや瞑想は、五感の感覚や身体内部の感覚に意識を向け続けることを主眼としたものであるため、オキシトシンと密接な関係があることがわかる。

そしてオキシトシンが分泌されることで、スピリチュアリティが高まったり、不安やストレスが軽減されたり、ポジティブな感情が高まったりするのだろう。

さらには、マインドフルネスの効果として、オキシトシンが分泌される結果、慈愛の心であるセルフコンパッションの効果も出てくることになる。

セルフコンパッションとは自分への思いやり

日本人は昔から、真面目で自分に厳しいのが美徳だという意識が身に染みついているように思う。とくに女性よりは男性、若い世代より高齢の世代で、そのような傾向があるように感じる。それは戦後長い間、日本人の生きる指針になってきたような、無意識のうちに身に染み込んだ価値観であろう。もちろん、そのような生き方は美徳でもあり、尊重すべきことだと思う。しかしそのために人生を存分に楽しめなかったり、自分を抑えて相手に合わせすぎた結果、自分を見失ってしまう人が多いのは気になる。自分に厳しいというのは、自分に外側から目標を与えて、それを頑張って達成するということに他ならない。これも仕事の効率という面では貴重な態度ではあるだろう。

しかし最近は、リモートワークが進められており、観光地などでゆったりと生活を楽しみながら仕事をするワーケーションを取り入れる企業も増えてきた。プライベートの時間が増え、バケーションを楽しむ時間もでき、個人が自分で仕事のスタイルも決められる傾向が高まってきたことになる。

これからは、これまでの「真面目で自分に厳しい」ことを美徳とする価値観は、少し見直していく時期だと思う。もちろん不真面目がいいというわけではないが、真面目一筋、生真面目第一といった価値観は見直して、個々人の人生を謳歌することにより大きな価値を置くことが求められるようになってくるということだ。

そのためには、自分の内面に目を向け、自分が何をしたら幸福になれるか、ということを一人ひとりが探究しながら生きる必要が出てくる。しかし、自分の楽しみや幸福が見つからない人もいる。そういう人は、とりあえず他の人がやっていることを自分もやってみる、という人は多い。その場合、口コミは、今や自分の行動を決める大事な情報源となっていて、多くの人はそこから多かれ少なかれ影響を受けることになる。

「真面目で自分に厳しい」ことと、「口コミに踊らされること」、これら二つに共通しているのは、自分で考えないことだ。自分で考えず、外側にある価値観を無批判に取り入れて内面化して、それを自分の行動の基準にしている人だといえる。それは自分を持たず、自分とのコミュニケーションを放棄した態度だといえないだろうか。

著者は、幸福に生きるためには、外側と内側とのバランスが大切だと思う。

ここ最近の私たちの生き方というのは、外側重視の傾向にますます拍車がかかっていたように思う。他人のすることに関心が強すぎて、テレビやネットなどを通じて他人を見すぎていなかっただろうか。心理学では、このように他人と自分を比べることを社会的比較という。社会的比較をしていると、人は幸福になれないという研究結果もある。こういう人は自分の価値を判断するために、他人が基準になっているので、基準にする人を誰にするかによって自分の相対的な価値の評価が変わってしまう。さらに同じ人と比べる場合でも、その人の行動はいつも同じであるわけではないので、自分の相対的な価値もその人と比べてつねに上下してしまうため、曖昧にしか感じられなくなるのだ。

そうではなく、自分の内面から生まれてくる価値や幸福に目を向け、それを追求することが必要だ。もっと自分の内側を重視して、外側とのバランスを取りながら生きるというのが、著者の理想とする生き方だ。

これから述べるセルフコンパッション（SC）というのは、まさに内側を重視する心の持ち方である。外的な基準を設けるのではなく、自分の内側から湧いてくる満足も不満もひっくるめてすべての心をありのままに認めて、それを受け入れるという態度を心の中に醸成《じょうせい》するのである。こうしてストレスがあっても動じない柔軟な心が作られ、幸福感を高めることができる。

SCというのは、「セルフ（自分）に対する、コンパッション（思いやり）」のことを指す。つまり自分を思いやり、慈しむことで「あるがままの自分を受け入れる」ことである。これらは仏教思想の根底にある「慈悲」の精神が参考にされている。「慈悲」とは「抜苦与楽《ばっくよらく》」を意味する仏教用語で、慈の心と悲の心から成り立っている。慈は、「苦しみを抜いてあげたい」という「抜苦」の意味であり、悲は「楽しみを与えてやりたい」という「与楽」の意味がある。これらを自分自身に施すことがSCの本質である。

ＳＣ研究の第一人者である米国の心理学者、ネフ博士によると、セルフコンパッションを構成している要素は次の三つであるとされる。

①自分への優しさ

他人に接するときのように、自分にも思いやりを持って優しい態度をとることである。

たとえばあなたにとって大切な人が、仕事で大失敗して落ち込んでいたとしよう。このときあなたなら何と声をかけるだろうか。たいていの人は「大丈夫だよ、心配しないで。なんとかなるから」などと優しく思いやりのある言葉をかけるだろう。しかしもしも同じ大失敗を自分がしてしまったとしたらどうだろう。「なんということをしてしまったのだ！　自分は能力のないダメな人間だ」というように自分を厳しく叱責する言葉をかけてしまわないだろうか。それではますます落ち込んで立ち直れなくなってしまう。そうではなくＳＣでは、他人にかけるような思いやりの言葉を自分自身にかけるということである。

②共通の人間性

自分は周囲の人間関係の中で生きていると自覚することである。先の例でいえば、自分だけが能力がなくて失敗するということではなく、人間なら誰もが時には失敗するという感覚である。このように共通の人間性という感覚があると、面接のときに緊張したり、プレゼンテーションの場面で不安になったりしたときに、「誰にでもあることだな」という感覚が働き、過度にネガティブな感情に振り回されないようになってくる。

自分に厳しい人というのは、弱音を吐いて他人に頼ることが苦手であり、それは悪いことだと思っている。そしてそのような態度がにじみ出ているから、実際に孤立していく。そしてますますストレスを一人で抱え込んで苦しんでしまうのである。SCが高まると、自分の弱さもしっかりと認識するようになるため、他人に頼ることもできるようになる。他者の助けを借りることができれば、そこに感謝の気持ちが生まれ、温かい交流ができ、人とのつながりが感じられるようになってくる。

③ マインドフルネス

前述のようにマインドフルネスとは、「今、ここ」での経験に対して、今の自分の感情や思考をあるがままに受け入れ、それに気づく態度である。人は自分の長所や強みを認識するのは得意だが、弱みや問題点については自分で認識するのも、人から指摘されるのも苦痛である。そのため見て見ぬふりをしたり、気持ちを紛らわせるために飲酒したりすることもある。ライバルに嫉妬を感じて「あの人なんていなくなればいい」と思ったとしたら、そのような気持ちを持った自分を恥じたり罪悪感に苦しむこともある。マインドフルネスは自分のポジティブな側面もネガティブな側面も、ありのままを受け入れることである。

自尊心や甘やかしとは違う

ＳＣは自尊心と誤解されることがよくあるが、まったく違う。自尊心も確かに人が社会の中で生きていくためには必要だ。人は自尊心があるからこそ、自分に価値があると感じて、前向きに頑張って生きていこうという意欲が生まれる。しかし、自尊心とSCは似て非なる概念であることを指摘しておかなければならない。一言でいえば、自尊心とは外側から評価された価値であるのに対して、SCは内側から評価する価値であるという点だ。

1章で述べた「姿勢」をたとえていえば、自尊心は胸を張って生きていこうという姿勢になる。しかしそれを追い求めてばかりいると、「虚勢を張る」こともあり、心の状態と外側の姿勢が乖離してくることもある。前述のように、これまで多くの日本人は自分に厳しく、高い目標を掲げて奮い立たせるようにして生きてきた。しかし人は自分に厳しくするほど、自分の弱点を見ないようにしたり、失敗しないように挑戦しなくなって、自尊心を守ろうとするようになる。

それに対してSCが高い人は自分にとって最適な姿勢を見つけて、そのような姿勢で生きていこうとする。自分の内面に目を向けて、自分に思いやりを持つ姿勢だ。弱点に対して良し悪しを判断するのではなく、事実は事実として受け入れる態度をとる。もちろん人生には、努力や頑張りが必要なときもあるが、それらはSCの支えがあってこそ可能になるといえる。

実際、自尊心を追求している人は、他者からのポジティブな評価は受け入れても、ネガティブな評価には防衛的になり、敵意を持つようになるという。その理由は、自尊心が高い人は他者からのポジティブな評価に依存する傾向があり、自己概念がポジティブに歪んでしまっているため、ネガティブな評価は自己を脅かす脅威となるので受け入れられないからだ。

それに対してSCが高い人は、他者からのネガティブなフィードバックを受けたとしても、ポジティブなものを受けたとしても、どちらも同じように受け入れることができる。あるがままの自分を受け入れるからだ。

また自尊心はSCと違って、ナルシシズムとの関連が強いという。それは自惚《うぬぼ》れとか自己愛といった、独りよがりのあまり好ましくない感情である。自尊心を保つためには、つねに他者から高い評価を受け続けなければならない。だから、自分をネガティブに評価する相手に対して攻撃的になったり防衛的になったりする。こうして自己概念がポジティブに歪んでしまうからナルシシズムに近づいていく。それゆえ、他者からの肯定的な評価をつねに追求するようになる。

それに対してSCは自分に対する価値評価とは関係がない。SCが高いと、他人の評価に左右されず、自分自身を慈しむことができるからである。SCは自分の体験を、肯定的なものであれ否定的なものであれ、あるがままに受け入れる心である。否定的な体験を受け入れるのは、不快で苦痛な気持ちになるが、SCではそのように感じる自分を優しく思いやりを持って受け入れるのである。だから自分自身に対して、正確な自己概念を持っており、自分の弱点も正確に受け入れている。

また、SCは自分を甘やかすことだと誤解されることもあるが、それも違う。自己への慈しみとは、自分を甘やかすことではない。むしろ苦しいことがあっても自分と向き合うことだといえる。自分を甘やかす人は、ネガティブな面には目をつぶり、それを過小評価しようとする。これでは失敗を次に活かすことはできないし、人間的な成長も期待できない。そうではなく、SCとは、たとえ大失敗したとしても、自分が努力したことや、そこから学んだことなどのポジティブな面にも同じように目を向けて受け入れることである。

タッチで伝わる感情

ここまで述べてきたように、自尊心は自我を強く意識した感情であり、極めて西洋的な価値観に基づいた心であるのに対して、SCには逆に、自我を他者とのつながりの中で表れる一つのものとしてとらえるという仏教思想が反映されている。

これはタッチングが伝える感情と、表情が伝える感情の違いを研究した結果にも表れている。米国の心理学者、ハーテンスタインは、被験者の大学生に対して、怒りや悲しみなどさまざまな感情を、言葉は用いずに、「表情で伝える」あるいは「タッチで伝える」際に、どの程度の正確さで伝わるか、実験を行った。その結果、「表情で伝わる」感情というのは、自尊心、嫉妬といった自我が強く出る感情だった。それに対して「タッチで伝わる」感情は、愛、感謝、共感といった向社会的な感情という違いがあることがわかった。

相手に愛情などの気持ちを伝える手段は、タッチが効果的なのだ。そうであれば、自分自身に優しく触れるセルフタッチをすることで、自分を慈しむSCの気持ちが生まれると考えることができる。

著者の研究室の百瀬は、実際にセルフタッチがSCを高めるか否かを調べるための実験を行った。実験では大学生に「大学で経験したネガティブな出来事について思い出してもらう」というストレスを与え、その後、6分間セルフタッチをするグループと、何もしないグループに振り分けた。セルフタッチをするときには、「自分をいたわるように、自分の体に優しく触れてみましょう。場所は自分がしっくりくるところで大丈夫です」と伝え、さらに「自分に優しくしてくれる人を思い出して、その人に触れるように自分にも優しく触れてみましょう」と伝えて自由に触れてもらった。

実験の結果、セルフタッチをしたグループのSCは顕著に上昇し、さらにネガティブな気分が低下したり、他者と交流したいという気持ちも高まっていることもわかった。自分をいたわるような気持ちという漠然とした感情はなかなかはっきりと湧いてこないものだが、自分に触れたときの明瞭な皮膚感覚をしっかりと感じることで、オキシトシンが分泌され、SCも高まったのだと考えることができる。

ちなみにP161でも紹介したように、皮膚感覚でオキシトシンが分泌されるためには、心地よさや慈愛といった心はとくに必要ではなく、やわらかいものがゆっくりと動く刺激さえ感じられれば十分だ。それは皮膚にある快感を感じるC触覚神経が興奮することで、それが脳のオキシトシンを作る神経に届くからだ。だからセルフタッチする手をやわらかく、ゆっくりと動かすことに注意すれば、自然にオキシトシンが分泌されるということになる。

さらに、先の実験では、しっくりする身体部位として選ばれたのは、「腕＞顔＞手、頭」の順に多いこともわかった。とくに腕や顔は、C触覚神経が密にある部位である。そのような部位が「しっくりする」として選ばれたのは、やはりそこに触れると気持ちがよく、ストレス解消につながることを経験的に知っているからだろう。

マインドフルネスのやり方

マインドフルネスにはいろいろなやり方があるが、ここでは誰でも簡単にできる呼吸に意識を向ける方法を紹介しよう。

ステップ1

背筋を真っすぐ伸ばして、椅子に座ろう。床にあぐらをかいて座ってもできる。顎が前に出たり、引きすぎたりしないようにし、軽く目を閉じよう。

ステップ2

呼吸に意識を向けてみる。

吸うときは7秒くらいかけて、ゆっくりと吸って、10秒ほどかけてゆっくりと吐くようにして、空気が出入りするのを注意深く観察してみよう。

鼻腔から入っていく様子や、お腹に入っていく様子に意識を向けてみよう。

感覚がよくわからないときは、お腹に入ってきたときは「膨らむ、膨らむ」、吐くときは「へこむ、へこむ」と言葉にしてもよい。

ステップ3

途中で呼吸の意識が途切れて、雑念が浮かんでしまったときは、雑念から意識をそらして、呼吸に意識を再び向けよう。ただし、雑念を思い浮かべてしまう自分を否定したり、良い悪いといった評価はしないようにすることが大切だ。否定や評価は言葉で思考することだからである。言葉は使わずに、ただ感じることだけに意識を集中するようにしよう。

そして、雑念が浮かんだときの対処の仕方が重要だ。雑念が湧かないように一生懸命に排除しようとしたり、頑張って意識を呼吸に集中し続けようとする態度はよくない。そうではなく、雑念が湧いてしまう自分自身を認め、それを優しく受け入れて、「また雑念が湧いてしまったなあ。でも雑念はいったん足元に置いておこう」とか、「また〇〇のことを考えてしまったようだ。よほど〇〇のことが気になっているんだなあ。でも〇〇のことはいったん水に流そう」などとイメージしてみるのもよい。

このようにしていくと、考えるのではなく「今、ここ」を感じる心を育み、さらに自分自身に優しく思いやりを持って接する態度が醸成されていくようになる。

ぜひとも毎日、3分間ずつでも続けてほしい。

動物との触れ合いの効果

犬と人の相互作用とオキシトシン

コロナ禍の「巣ごもり生活」が続いたとき、ペットの需要が大幅に増えたそうだ。ペットと触れ合うことで不安やストレスを癒やそうと、多くの人がペットを求めたのだろう。

これまでの研究でも、犬を飼育することで、人と犬の両者のオキシトシンの分泌が促され、ストレスが減ることが多く報告されている。多くの実験をまとめると、動物との相互作用でオキシトシンが分泌されるまでには、二つの段階があるようだ。第1段階は、オキシトシンシステムの「起動」の段階。「相手」（犬または人間）を見たり、声を聞いたりしたとき、つまり出会いの段階でうれしさや感動の気持ちが生まれることである。ここでオキシトシンシステムが起動すると、次の第2段階が活性化される。

第2段階は、オキシトシンのピークが訪れ、さらにストレスの低下につながるプロセスである。これは動物をなでたりかわいがったりする段階であり、そうすると人と犬のオキシトシンがさらに増えると同時に、ストレスホルモンのコルチゾールが大幅に減少する。第2段階では、とくに犬の場合は、犬をなでることが大事であり、犬をなでずに言葉だけかけた場合には、オキシトシンは増えずにコルチゾールは高いままだったという報告もある。

さらにスウェーデンの動物学者、ハンドリンたちのグループは、アンケート調査や実験を行って、犬のオキシトシンレベルと飼い主のオキシトシンレベルが高い相関関係にあることを突き止めた。その理由は、オキシトシンが多い飼い主は、犬と頻繁に触れたりキスしているため、犬のオキシトシンも増えるということらしい。逆に、飼い主が犬を飼うことを負担に感じている場合、飼い犬のオキシトシンは低下しており、逆にストレスホルモンのコルチゾールが増えてしまうという結果も出ている。

この結果は人間の子育てにも当てはまるだろう。いくらスキンシップが大事だといっても、子どもをただ機械的に無表情でなでているだけでは、親子のオキシトシンは決して増えることはない。やはりなでる第1段階として、親子ともにこれから遊ぶよー、という心構えや安心・安全が確保された環境があって、そのもとで第2段階として優しい声をかけ、目を見つめながらなでることで、初めてオキシトシンが分泌されてスキンシップの効果が出てくるからだ。

では、猫の場合はどうだろうか。

米国の心理学者、カリーたちのグループは、犬、猫それぞれの飼い主に対して、これまでに飼ったことがある犬や猫の頭数を尋ね、その場で初対面の犬や猫と10分間触れ合ってもらった。その結果、人間のオキシトシンが増えるのは、「猫とおもちゃで遊んであげる」ときだったが、猫と触れ合うことでは人間のオキシトシンは増えていなかった。猫はもともと孤独を好むため、直接体に触れるよりも、おもちゃで遊んであげるほうが、絆が強まったと感じたのだろう。

それに対して犬の場合は、人のオキシトシンが増加したのは、「犬のお腹をなでてあげる」「犬とアイコンタクトをする」ときだった。犬は社会的な動物であるため、お腹をなでたりアイコンタクトをすると喜び、信頼関係を築くことになる。そしてそのことを人も感じ取り、人のオキシトシンも増えるのだろう。

このことも、人の子育てに当てはまるだろう。子どもにはスキンシップが大好きな子もいれば、少し苦手な子もいる。またスキンシップの仕方でも、くすぐり遊びのような刺激的なスキンシップが好きな子もいれば、苦手な子もいる。だから相手の反応を見ながら触れ合うようにしないと、子どもにとっては一方的だと感じてストレスになってしまうことさえあるのだ。犬タイプの子どもと、猫タイプの子どもがいて、我が子がどちらのタイプなのか、個性をよく見て、子どもが喜ぶような触れ合い方を見つけてあげてほしい。

普段から動物を飼育している影響

では、普段から犬や猫を飼っていると、どのような影響があるだろうか。

犬でも猫でもペットの飼い主は、血圧やコレステロールの値が低く健康である傾向があるという。

また心臓疾患を患っている患者がペットを飼っている場合、ペットを飼っていない場合と比べて1年後の生存率は有意に高く、とくに犬を飼っている場合の1年後の生存率は実に8・6倍も高いという。ペットは、慢性疾患に対処する能力や、心臓病、認知症、がんなどの病気の経過と治療にプラスの影響を及ぼしているようだ。

入院中の子どもにとっても、病気からの回復は、コンパニオンアニマルとの相互作用によって促進され、緩和ケアやホスピスケアをしている人々の終末期の苦痛や不安もやわらげてくれる。

これらの健康に及ぼす影響というのは、ペットと普段から触れ合うことでオキシトシンが分泌され、ストレスによる悪影響が小さくなったからだろう。

愛着障害や発達障害の場合

愛着障害や発達障害の子どもへの影響についてみていこう。

ドイツの特殊教育を研究しているベーツたちは、深刻な愛着問題のある子どもたちに対して、物語を作って発表するというストレス課題をやってもらった。このとき、ストレスを癒やすために、課題の前に子どもたちを三つのグループのいずれかに割り当てた。第1は訓練を受けた優しい初対面の仲間、第2は友好的なセラピードッグ、第3はそれと同じ大きさのぬいぐるみの犬。そのいずれかと5分間一緒に過ごした。実験の結果、ストレスホルモンのコルチゾールは、第2のグループが他のグループよりも低いことがわかった。

このとき、犬たちと過ごした子どもたちのコルチゾールの低下は、子どもと犬との接触量と相関していることもわかった。犬と触れ合うことでオキシトシンが分泌され、その結果、コルチゾールが低下したのだと筆者は考えている。

いずれにしてもこの結果は、人間が子どもを落ち着かせたり、コルチゾールを下げることができなかったということも示しており、その理由は、深刻な愛着問題を抱える子どもたちが、人からの接触をあまりに恐れていたからだと考えられている。

セラピードッグと自閉症

前述のように、自閉症の人は生まれつきオキシトシンシステムに問題があるため、共感性や言葉の問題など、人とのコミュニケーションに問題を抱えていたり、感覚の過敏性や鈍感性の問題を抱えていることが多い。そのためオキシトシンシステムを活性化させることでそれらの症状を抑えることができる。しかし自閉症の人は人とのスキンシップや触れ合いを恐れ、嫌がることが多いために、直接肌に触れたり、人と関わるカウンセリングのようなやり方では、かなり工夫しないと効果を上げることが難しいという実情がある。

オランダの心理学者、ヴェイカーたちの研究では、自閉症の人が1回1時間、セラピードッグと触れ合うセッションを10週間続けたところ、ストレスが低下したり、恐怖心が低下したり、コミュニケーションが改善する効果がみられた。

愛着障害の人の場合も同じだが、人と触れ合うことに苦手意識を持っていたり、不安に感じる人の場合は、まずはセラピードッグなどと触れ合うことから始めると、刺激が小さくてよいのだと思う。

「人のため」は「自分のため」

日本人の心の源流

私たち日本人は、これまでの長い歴史の中で、多くの災害や飢饉《ききん》に遭遇し、そのたびに互いに助け合って生き延びる術《すべ》を身につけてきた。信仰する宗教を持たない人が6割にもなる日本人にとって、他者を助けるというのは宗教の教義に従っているというよりは、困難を抱えた人がいたときに、共感の気持ちから自然に行っている行動なのかもしれない。

しかし実際には、つねに利他的に行動する人というのもいないし、逆につねに利己的に行動する人というのもいない。また、一見すると利他的な行動に見える場合でも、実際の動機は自分自身が満足したいとか、他者からの評価を得たいからといった利己的な動機が含まれていることもあり、そこには複雑な心理があることがわかる。

そもそも利他的な行動を取るか、利己的な行動を取るかという択一的な考え方は、西洋の二律背反の思想から来ている。「利他」という用語は、「利己」の対《つい》概念として、フランスの社会学者コントによって造られた言葉である。西洋では「利己」と「利他」は対極にある概念であると考えられているため、「他を利すること」は「己《おのれ》の利がなくなる」ことになってしまう。このような意味で使われる「利他」は、人間の心の複雑な襞《ひだ》を説明することができないし、何より問題なのは、そのような意味で使われると、人は自分の利がなくなることを恐れ、利他的な行動を取ることを恐れるようになってしまうことだ。

それに対して大乗仏教では、他を利することは、自分にとっても利があるのだと教える。また逆に、「自分が正しい行いをして自己を高めていれば、それは他者を利することになる」という方向性も教えている。そのような東洋の思想によれば、「利他」と「利己」は対概念ではなく、むしろ互いに包括するような共通項のある概念なのだといえる。

実際に私たちも、困っている人を助けたり、手を差し伸べたりすると、自分自身が清々《すがすが》しい気分になったり、ちょっとした喜びを味わうことができるのではないだろうか。群れで生活して生き延びることを選んだ人類にとって、「利他」はすなわち「利己」であるように進化してきたから生じる心理作用なのだろう。そしてそれは脳科学的にみれば、オキシトシンの作用であるといえる。

オキシトシンと利他的行動と健康

米国の行動経済学者、ザックたちのグループは、まず脳に届くように工夫された鼻腔用スプレーを使って被験者に合成オキシトシンを注入した。そして相手に対する信頼をみる「分配委任ゲーム」を使って、渡されたお金をどのように仲間と分け合うかを観察した。すると、オキシトシンを注入した人はそうしなかった人よりも、約8割も多くの金額を他者と分け合うようになった。オキシトシンの作用で、利他的な行動が増えたのだ。

このようにオキシトシンと利他的な行動に関係があるとすれば、そのような行動をしている人ほどオキシトシンの働きでストレスが低下して、身体的にも健康になれるとも考えられる。オキシトシンの重要な作用として、ストレスに対する反応を緩和してくれる効果があるためだ。

なぜ利他的行動をすると健康になれるのか

この点について調べた研究がある。米国の心理学者、プーリンたちは、まず被験者のオキシトシン受容体の遺伝子のタイプを調べた。つまりオキシトシンが効きやすいタイプか、効きにくいタイプかによって二つのグループに分けたのだ。そしてその2年後に同じ人たちに再調査をし、2年間にボランティア活動をどのくらいやったかを聞き出し、同時に最近あったストレスフルな出来事の数や健康状態も調査した。研究の結果、オキシトシンが効きやすいタイプの受容体（遺伝子）を持つ人は、病気になりにくいことがわかった。

そしてボランティアに積極的に参加した人も、やはり病気にはなりにくいことがわかった。

この結果については、オキシトシンがボランティアに積極的に参加したことで分泌され、その結果としてストレスが緩和され、健康状態を維持できたのだと考えられている。

ただ厳密にいえば、この研究で測定しているボランティアの行動は、過去2年以内に「PTAに参加したか」「地域の自治体の活動に参加したか」といった質問だったため、地域の集団に所属したい欲求を満たすための「利己的な欲求」も含まれている可能性も考えなくてはならない。

これは前述のように、「利己的な行動が、他を利することになる」一つの例だと思う。まずは利己的な動機でいいから社会的な活動に参加してみる。そしてその中で集団のメンバーとの間に信頼関係が生まれ、好意を持つようになると同時に、集団の活動がうまくいくように利他的な活動をするようになることもあると思う。

このように、最初の動機は利己的であってもまったくかまわないと思う。そうして集団とのつながりを作ることでオキシトシンが分泌されるようになり、それが今度は翻って利他的な行動へと発展し、結局はオキシトシンの効果で自分が健康になれるというように、「利益」が自分に還元されるようになっている。まさに、「情けは人のためならず」という諺《ことわざ》が含意する通りだと思う。これは、人に情けをかけるのは自立の妨げになり、その人のためにならない、という間違った意味で理解している人が多いがそうではない。本当の意味は、情けを人にかけて優しくしてあげると、めぐりめぐって自分に良い報いが来るという意味である。

同じような意味で、仏教には「恩送り」という言葉もある。生きていくということはさまざまな人に世話になりながら生きていくということだ。お世話になった人にだけ恩を返すことを「恩返し」というが、「恩送り」とはその恩を別の人に送ることをいうのだそうだ。そのようにして恩を送られて、人がまた別の人へ渡す。そうすることによって、恩が世の中にぐるぐると回っていき、優しさが溢れる社会が作られるのだと思う。

ワーク：慈愛の瞑想

本書の目的は、セルフでできる方法を紹介することにあるので、利他的な行動といっても、実際に相手のために何かをしてあげるよりも、相手を思いやるような心の育み方を紹介することにしたい。その方法であればセルフで実践することができるからだ。

そのための方法が、慈愛の瞑想である。やり方は次の通りだ。

①リラックスして心地のよい姿勢で座り、軽く目を閉じて、ゆっくりと深呼吸を2回しよう。

②自然な呼吸に戻して、「その人のことを思い浮かべただけで幸せな気持ちになる」という人を思い浮かべてみよう。家族でもいいし、仲のよい友達でもいい。もちろんペットでもいい。そして、その人が目の前にいることを想像して、その存在を感じてみよう。

③今、目の前にいる自分が愛する人に向けて次の四つのことを頭の中で願ってみる。「○○が安全でありますように」「○○が幸せでありますように」「○○が健康でありますように」「○○に安らぎが訪れますように」

④愛と慈しみの気持ちがあなたの愛する人に伝わる感じがイメージできるだろうか？

他にも「○○の病気が治りますように」等、願いたいことがあれば付け足してもよい。

⑤次にあなたの愛する人が、今度はあなたに同じ言葉を投げかけてくれることを想像してみよう。「あなたが安全でありますように」「あなたが幸せでありますように」「あなたが健康でありますように」「あなたに安らぎが訪れますように」と願ってくれる。その愛と慈しみを受け止めるようにしよう。

⑥最後に愛と慈しみの気持ちをもっと膨らませて、送りたい人何人にでも送ってみよう。あなたの知っている人、行きつけのカフェの店員さん、愛と慈しみの気持ちがどんどん膨らんで、みんなに届いているのを想像してみる。そして、その願いを受け取ったすべての人がその願い通りになることを想像してみよう。

このように他人の幸福を願うだけでも、オキシトシンの分泌が促されて、不安やストレスが緩和され、代わりに幸福や満足感、セルフコンパッションが高まる効果も確認されている。

他者を思う心を育み、さらに利他的な行動を実際の行動に移したとき、思いやりの気持ちや行為を受け取った人は、相手に感謝するという相互作用が生まれる。

そのような意味で、利他的な心と感謝の心は表裏一体の関係にあるといえるだろう。

感謝の気持ちが自分を癒やす

積極的な感謝の姿勢が大切

感謝することと感謝されること、どちらがオキシトシンの分泌を促すだろうか。

この点について研究した米国の心理学者、アルゴーたちは、77組の夫婦に実験に参加してもらい、一方は2週間の間、相手に対してさまざまなことにつきできるだけ感謝の気持ちを持つようにして過ごし、さらにできるだけ相手に感謝の気持ちを伝えるようにしてもらった。次の2週間は役割を交代して、感謝される役割も体験してもらった。また夫婦のオキシトシンの受容体のタイプも調べてみた。前節で見たようにオキシトシンの受容体には、オキシトシンを受け取りやすいタイプとそうでないタイプがあるからだ。実験の結果、オキシトシンを受け取りやすいタイプの人は、相手に対する感謝の気持ちを持ちやすく、それを多く伝えていることがわかった。また感謝した人もされた相手も、どちらも相手に対する愛情や絆が高まったり、ポジティブな気持ちが高まることもわかった。アルゴーによれば、「感謝は人間関係を強める『接着剤』の役割をしている」という。それはまさにオキシトシンのもっとも重要な作用の一つだともいえる。

また、感謝について長年研究している米国の心理学者、エモンズたちによると、「感謝というのは感情というより態度である。何か良いことがあったときに感謝することではない。日々いろいろなことに感謝して過ごすためには、感謝の気持ちを呼び起こす必要がある。たとえば、良い姿勢をしてみるとエネルギッシュで自信が持てるようになるのと同じことだ」と述べている。

つまり感謝の気持ちというのは、誰かに何かをしてもらったときに自然に湧き上がってくるような感情なのではなく、自分のほうから積極的にいろいろな人や物事に感謝しようという態度を心の中に培う必要があるのだ。そのためには、まずは自分の心の中に感謝の種を播くことから始める必要がある。そして毎日感謝の種に水をやり続けているうちに、芽が出てゆっくりと成長していき、やがていろいろなことに対して意識しなくても感謝の気持ちが持てるようになる。

たとえば、スーパーのレジで「ありがとう」と言ってみたり、バスやタクシーを降りるときに感謝したりするだけでよいのだ。そうした行為は、口で「ありがとう」とわざわざ言うのが恥ずかしければ、ちょっと会釈するだけでもよいだろう。それだけで自分が感謝していることが自覚できる。そしてそれに対して相手も会釈を返してくれるかもしれず、そんなやりとりがオキシトシンの分泌量を高めて幸福感をもたらしてくれるのである。

感謝の気持ちを持つだけでもリラックス

感謝するとオキシトシンが分泌されてストレスが緩和され、リラックスして心拍数がゆっくりになることがわかっている。図13のグラフの横軸の0秒から100秒までは、頭の中で欲求不満になるようなことを思い浮かべてもらったときの心拍数を表しており、100秒から先は、感謝することを思い出したときの心拍数である。ポリ

図13　感謝すると心拍数がゆっくりになる

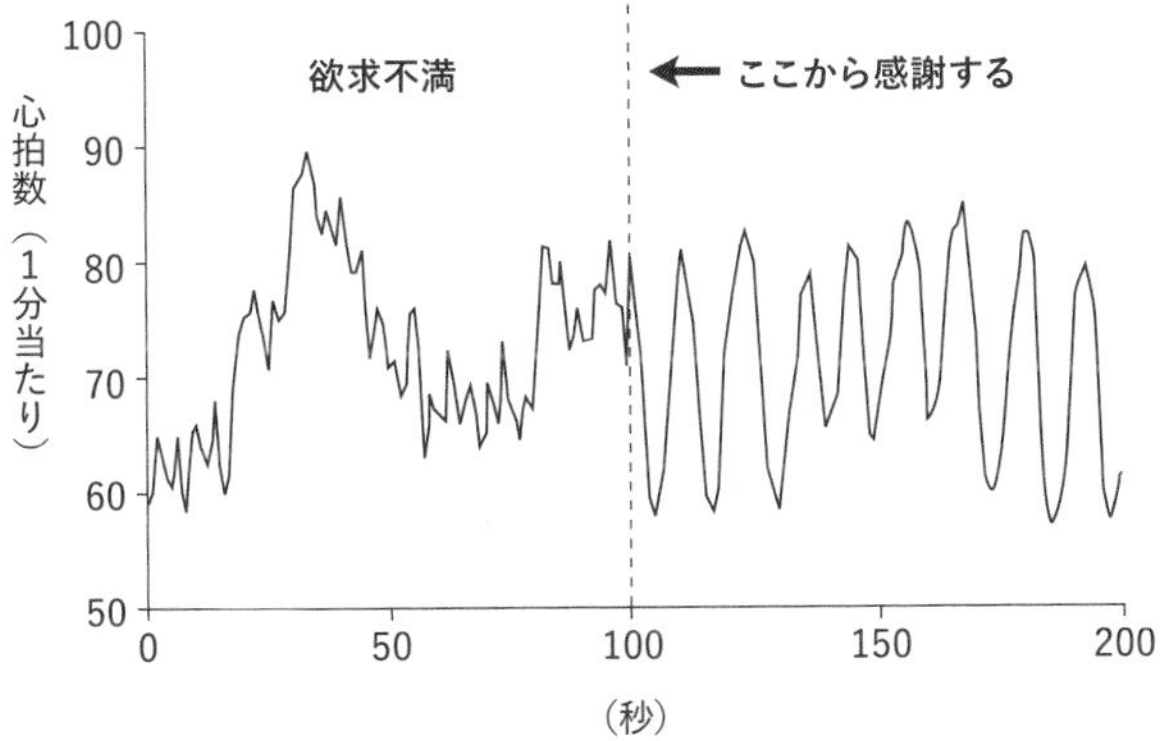

McCraty,R. & Childre,D. (2004) より改変

ヴェーガル（多重迷走神経）理論を作ったポージェス博士によると、人に感謝することは向社会的な行動であり、それはリラックスして親しい人との交流を活発にする社会交流システムを活性化させるという。このときオキシトシンも分泌され、人との絆をより強めてくれることになるのだ。

この結果からわかることは、感謝というのはその気持ちを持つこと自体が大事だということである。必ずしも相手に対して感謝の気持ちを伝える必要はなく、心の中でそうした気持ちを持つだけでよいのだ。感謝する心というのは、人間以外の動物は持つことができない高度な心の働きである。そうした心を持つためには心の余裕が必要だと思う。日々の暮らしで休む間もなく目の前のことだけにあくせくしながら過ごしてしまっていては、感謝する余裕さえないだろう。だから一日の終わりに、その日に起こった出来事を思い出して、感謝する習慣をつけるやり方ならば続けられるだろう。

気持ちは表情より握手で伝わる

次に感謝の気持ちを伝える方法について考えてみたい。先に紹介した米国の心理学者、ハーテンスタインは、人に触れる行為は、感謝や愛情といった社会的に好ましい感情を相手に伝えるために進化したと主張している。

実験では、目隠しをした人物の腕に、「愛情」や「感謝」「共感」などを伝えるように触れてください、といって自由に触れてもらった。するととくに「感謝」を伝える触れ方は、「握手」が圧倒的に多く、逆に握手された人はそれをかなり正確に感謝の気持ちとして受け取っていた。ただし握手している時間が7秒以上の場合は共感に、

9秒以上の場合は愛情に誤って解釈されることもわかった。つまり、「愛情＞共感＞感謝」の順に握手の時間が長くなるということだ。

感謝は握手を短時間だけして、相手への親しさを伝える行為であるのに対し、愛情はすでに親しくなっている者が、さらに一体化しようとする行為であるとも考えられよう。共感はそれらの中間的な位置づけになる感情だと解釈できる。

感謝の高め方1――感謝の瞑想

感謝にとって大切なことは、いろいろなことに感謝できるような態度を心の中に育てることである。そのような実践ならばセルフで十分にできて、幸福感や健康度を高めることにつながる。

感謝すべき出来事をときどき思い浮かべるようにする。しかしこのとき、感謝すべき相手のことを思ってしまうと、「すまないな」とか「あの人に悪かったな」と負債感も出てきてしまうので、それでは感謝をいくら思い浮かべても幸福感につながりにくくなってしまう。

「その出来事で自分がどんなにうれしかったか」といった自分の感情に意識を向けるようにするとよい。「あのときのことで自分は今こんなによくなった」とか、「おかげで、自分は今こんなに幸せなんだ」と、良い状態になった結果を強調して、思い出すようにする。

なお、それとは逆に感謝する相手を一人ひとり絞って思い浮かべるというやり方もある。たとえば、親に対して何をしてもらっただろうか、友達からはどんなことをしてもらっただろうか、というように、一人ひとりを思い浮かべるやり方である。このようなやり方は、非行少年に使われる内観療法という心理療法でも行われている。非行少年の多くは、親から愛された経験に乏しく、親に対して憎しみや恨みを抱いていることがある。そのため、とくに親を中心に、感謝すべきことやしてもらったさまざまなことを思い浮かべることで、親に対するネガティブな気持ちが少なくなり、ポジティブな気持ちが生まれてくるのである。

感謝の高め方2——感謝の日記

その日にあったことを思い出して、感謝の気持ちをつづる、感謝の日記をつけてみよう。

感謝するべきことがなくても、いろいろな出来事に目を向けて、感謝すべきことを見つけるようにしていると、いろいろなことに感謝する習慣が身につき、ストレスレベルを下げることができる。たとえば感謝の日記を3ヵ月続けていると、幸福感やポジティブな気持ちが高まり、抑うつが減ることがわかっている。またトルコの大学生に感謝の日記を3週間続けてもらったイスキーたちの実験によると、大学生活への適応がより高まり、人生への満足度やポジティブな気分が高まることがわかっている。

さらにアメリカの心理学者、リューたちの研究によると、離婚あるいは別居している夫婦を対象に、毎日10～15分、10日間にわたり感謝の日記（毎日の出来事から感謝できることを選んでつづる）を書いてもらったところ、相手や自分を許す気持ちが生まれたり、子どもを元パートナーとともに育てる気持ちが高まることがわかっている。

感謝は社会への適応や健康を増進させてくれるだけではなく、仲違いをしてしまった相手との関係を改善する効果も大きいことがわかる。

まずは、一日の終わりに、その日にあった出来事を一つ選び、そのことへの感謝の気持ちをつづってみよう。日記帳に書いてもいいし、他人には公開しない設定にしたＳＮＳなどのデジタルアプリでもよいだろう。

感謝のリストをつけよう

感謝の日記を書くのが難しい人は、感謝のリストを作成してみよう（左図）。できるだけ毎日続けることで、感謝の態度が身につくようになる。

以上、本章ではさまざまな角度から、セルフでオキシトシンの分泌を促す方法を紹介してきた。これらの中で、とくに不安やストレスが高まっているときには、五感を快適に刺激する方法をお勧めしたい。なぜなら、利他的な行動や感謝といったことは、

感謝のリスト	
誰に感謝しますか	何に感謝しますか

相手をイメージする必要があり、場合によっては誰かをイメージするだけでもストレスを感じてしまう可能性があるからだ。また、マインドフルネスと感謝は、しばらく続けていれば大きな効果があるのは確かではあるが、即効性という点では期待はできない。心を変えるのは時間がかかるのだ。そのような意味で、心を変える必要がなく、即効性がある効果的な方法としては、五感を快適に刺激する方法が適しているというわけだ。だから即効性がある方法と、長期的に続ける方法を組み合わせて用いることで、いつもストレスフリーで、幸福感に満ちた毎日を送れるようになるに違いない。

あとがき

本書は、これまでの著者の著作とは大きく異なる指向性を持った内容となった。これまでは、他者と触れ合うことの大切さについて、親子関係から看護などの医療や介護、教育まで幅広い領域で思いを書きつづってきた。それはこれからの世の中の趨勢《すうせい》が、共助を指向する方向に大きくシフトすると考えたからである。一人で悩まず互いに支え合うことで、人は癒やされ幸福を感じる生き物であることを訴えたかったからである。

もちろんこれからの社会では、そのような方向性はますます強まってくるだろう。しかし新型コロナウイルスは、人と人とのソーシャルディスタンスを保つこと、ハグや握手などの身体接触はしないこと、会食をしないこと、というように、著者が目指してきた振る舞いの指向性を180度変えてしまった。それらはすべて、オキシトシンの分泌を阻害する行動でもある。ということは、私たちはこれまでのように、親しい人との関係から幸福感を感じたり、ストレスを癒やしたりすることが難しくなってしまったのである。ストレスはまずは自らの手で対処し、幸福感も自分自身で追求する手段を身につける必要が出てきたのだ。

本書では、こうした新しい生活様式を強いられる中で、どうストレスや不安に自ら対処し、どうしたら幸福感を少しでも多く感じられるようにできるのかを、著者がこれまで研究対象にしてきた身体心理学をヒントに紹介しようと思った次第である。

それゆえ、著者の指向性が１８０度変わってしまったんだ、などとがっかりしないでいただきたい。ベースにある今までの考え方は1ミリも変わっていない。人との温かい触れ合いは、健康で幸福な人生を歩んでいくために必要不可欠であり、それが人にとって優しく温かい社会の礎になっているのは疑う余地はない。ただ、社会が大きく変化しようとしている今、これまでと同じ主張を続けたとしても、時代錯誤のそしりを免れないとも思うのである。これまでの身体心理学からの主張をベースにしながらも、軸足をセルフという視点に移動し、私たち一人ひとりができることを追求していく姿勢も必要で、そのためには一体何ができるのか、ということをぜひ読者の皆さんにも考えていただきたいと思っている。

セルフでできるストレス対処法は、本書で紹介していることがすべてではまったくない。むしろ本書は、これからの社会で健康で幸せに生きていくために必要なことは何だろう、という一つの問いかけでもあり、その疑問に答えるための一つの視点を紹介しているに過ぎないと思っていただきたい。

本書は新型コロナウイルスが日本に広まっている最中の2020年8月から執筆を始め、著者の著作物の中でももっとも深く思索し、悩み苦しみながら筆を進め、翌年1月に脱稿した。未だ収束の兆しも見えず、新規感染者も増加の一途をたどっており、将来どんな社会が訪れるのか予想もつかない中で、人々は不安の真っ只中に生きている。今までにないストレスを抱え、うつ病や自殺者、虐待などもますます増えている。本書がそのような薄暗い深い霧に覆われた社会の一隅を照らす存在になれたらと願っている。

本書の執筆にあたり、草思社編集部の吉田充子さんからは大変丁寧な編集をしていただいた。吉田さんとは『手の治癒力』『人は皮膚から癒される』に続いて3作目であり、いずれも鋭い視点でたくさんの有益なアドバイスをいただき出版することができた。ここに記して感謝申し上げたい。

2021年1月

山口　創

文庫版あとがき

本書が文庫化されました。

本書もまた、多くの読者の皆様の力強い支持をいただくことができたのは、著者として望外の幸せです。読者の皆様から届く感想や励ましの数々が、執筆のエネルギーを支えてくれる大きな力になりました。本当にありがとうございました。

これまでの拙著のほとんどは、「人に触れる——触れられる」ことをテーマに書いてきましたが、本書は「自分で自分に触れる」というように、大きくテーマを変えてみました。自分で自分に触れることに何の意味があるの？と思われた方も、本書を読んで考えが変わってくれるものと思います。自分で自分に触れることには、人に触れられるのとは異なる大事な効果があるのです。

本書はコロナが勢いを増している2021年に出版されましたが、それから現在までの間に世の中は大きく変わろうとしています。ＡＩがますます日常に入り込んでくるにつれ、それと引き換えに人と人とのリアルな関係がますます希薄になりつつあります。人との関係を失った結果として社会の中で孤立し、誰からも救いの手を差し伸べられずに自ら命を絶たれてしまう人はますます増加し、孤立した家庭では虐待も増えています。これらは、社会から孤立して、人との関係が絶たれたことから起こってくる問題です。そのような傾向がより加速しつつある昨今の日本社会において、問題が生じる前にそれを思いとどまってもらうためにも、自分で「心の安全基地を作る」ことが、いっそう必要とされるのではないでしょうか。

「手で触れる」という行為は、触れられた人を肯定的に認める意味があります。「あなたが存在してくれてうれしい」「生きていてくれてありがとう」というメッセージを手で伝えているのです。自分に触れる行為も同じです。「自分が存在していてよかった」「生きていてくれてありがとう」というメッセージを自分に送っていることになります。そのような大事なメッセージを、人からもらえない人は多いと思います。そんなとき、まずは自分で自分に触れてメッセージを送ってみましょう。孤独な心、張りつめた心、重く沈んだ心、凍りついた心を温めて蘇らせてくれるでしょう。

最後に、本書を執筆するにあたり、多くの方にお世話になりました。ここに感謝を述べたいと思いますが、紙幅の関係もあり、とくに次の2名の方々にお礼を記そうと思います。

まずは、NPO法人タッチケア支援センター代表の中川れい子さん。タッチやボディワークへの造詣が深く、セルフタッチングの講座も主催していらっしゃいます。ご著書『みんなのセルフタッチング』からは多くのヒントをいただきました。

セルフマッサージメソッドを開発し広めていらっしゃるリリナージュ®のLilyさん。セルフマッサージを体験して自分に目覚め、勇気をもって変わっていった多くの人々のエピソードは実に感動的でした。ここに記して感謝申し上げます。

2023年11月

山口　創

Neff, K. (2015). *Self-Compassion: The Proven Power of Being Kind to Yourself.* William Morrow Paperbacks.
Hertenstein,M.J. et al. (2006). Touch Communicates Distinct Emotions. *Emotions*,6, 528-533.
Handlin L. et al. (2012). Associations between the psychological characteristics of the human–dog relationship and oxytocin and cortisol levels. *Anthorozoös: A Multidisciplinary Journal of the Interactions of People and Animals*, 25,215-228.
Curry,B.A. et al. (2015). Oxytocin responses after dog and cat interactions depend on pet ownership and may affect interpersonal trust. *Human-Animal Interaction Bulletin*,3,56-71.
Beetz,A. et al. (2012). Effects of social support by a dog on stress modulation in male children with insecure attachment. *Frontiers in Psychology*,3,352.
Wijker, C. et al. (2020). Effects of dog assisted therapy for adults with autism spectrum disorder: An exploratory randomized controlled trial. *J Autism Dev Disord*, 50, 2153–2163.
Zak,P.J. et al. (2007). Oxytocin Increases Generosity in Humans. *PLoS ONE*, 2(11): e1128.
Poulin,M.J. et al. (2013). Helping hands, healthy body? Oxytocin receptor gene and prosocial behavior interact to buffer the association between stress and physical health. *Hormones and Behavior*, 63,510–517.
Algoe,S.B. et al. (2014). Evidence for a role of the oxytocin system, indexed by genetic variation in *CD38*, in the social bonding effects of expressed gratitude. *SCAN*,9,1855-1861.
Emmons, R. A. & McCullough, M. E. (2003). Counting blessings versus burdens: An experimental investigation of gratitude and subjective wellbeing in daily life. *Journal of Personality and Social Psychology*, 84, 377-389.
McCraty, R. & Childre, D. (2004). The grateful heart:The psychophysiology of appreciation. In R. A. Emmons & M. E. McCullough (eds.) *The psychology of gratitude*. Oxford University Press. 230-255.

3章

Schut,C. et al. (2016). Psychological stress and skin symptoms in college students: results of a cross-sectional web-based questionnaire study. *Acta Derm Venereol*, 96, 550–551.

Deing,V. et al. (2013). Oxytocin modulates proliferation and stress responses of human skin cells: implications for atopic dermatitis. *Experimental Dermatology* ; 22, 6,399-405.

佐々木晶子他　2020　ハンドセラピー施術により神経細胞が再生するメカニズムの解明 第28回日本乳癌学会学術集会

Bohne, A. et al. (2002). Skin picking in german students prevalence, phenomenology, and associated characteristics. *Behavior Modification*, 26, 320–339.

Brian,O.B. et al. (2012). Pathologic skin picking, in Trichotillomania, Skin Picking, and Other Body-Focused Repetitive Behaviors. Edited by Grant J.E. Stein D.J. Woods D.W.Keuthen NJ. Washington, DC, American Psychiatric Publishing, Inc,pp 21–41

Madjar,S. (2016). The phenomenology of hair pulling urges in trichotillomania: A comparative approach. *Frontiers in Psychology*, 7,199.

Schienle,A. (2018). Neuronal responses to the scratching and caressing of one's own skin in patients with skin-picking disorder. *Hum Brain Mapp*,39,1263–1269.

Lahousen,T. et al. (2016). Differences between psoriasis patients and skin-healthy controls concerning appraisal of touching, shame and disgust. *Acta Derm Venereol*,217,78–82.

Woods, D.W. (2002). Introduction to the special issue on repetitive behavior problems. *Behav Modif*,26, 315-319.

Goewey D.J. (2014). *The End of Stress: Four Steps to Rewire Your Brain*. Atria Books/Beyond Words.

4章

Sellaro,R. et al. (2015).A question of scent: lavender aroma promotes interpersonal trust. *Frontiers in Psychology*,5, 1486.

Ogata,K. et al. (2020). Lavender oil reduces depressive mood in healthy individuals and enhances the activity of single oxytocin neurons of the hypothalamus isolated from mice: A Preliminary Study. Evidence-Based Complementary and Alternative Medicine, ID 5418586

Tadokoro,Y. et al. (2017). Changes in salivary oxytocin after inhalation of clary sage essential oil scent in term-pregnant women: a feasibility pilot study. *BMC Res Notes*,10,717.

Ooishi,Y. et al. (2017). Increase in salivary oxytocin and decrease in salivary cortisol after listening to relaxing slow-tempo and exciting fast-tempo music. *PLOS ONE*.

Grape,C. et al. (2003). Does singing promote well-being?: An empirical study of professional and amateur singers during a singing lesson. *Integrative Physiological and Behavioral Science*, 38, 65-74.

Nilsson, U. (2009). Soothing music can increase oxytocin levels during bed rest after open-heart surgery: a randomised control trial. *J Clin Nurs*, 18,2153-61.

Bellosta-Batalla,M. et al. (2020). Brief mindfulness session improves mood and increases salivary oxytocin in psychology students. *Stress & Health*,1–9.

Cappellen,P.V. et al. (2016). Effects of oxytocin administration on spirituality and emotional responses to meditation. *Social Cognitive and Affective Neuroscience*, 1579–1587.

参考・引用文献

1章

Bem,D.J. (1972). Self-perception theory. *Advances in Experimental Social Psychology*, 6, 1-62.3.

Frumin, I. et al. (2015). A social chemosignaling function for human handshaking. *eLife*, 4:e05154. DOI: 10.7554/eLife.05154.

松尾香弥子　1994　親愛感の知覚における視覚･聴覚･触覚の間の優先関係　社会心理学研究 10(1), 64-74.

Harlow, H. F. (1958). The nature of love. *American Psychologist*, 13, 673–685.

Arueti, M. et al.(2013). When Two Become One: The Role of Oxytocin in Interpersonal Coordination and Cooperation. *J of Cognitive Neuroscience* 25:9,1418–1427.

Twengea,J.M. & Campbell,W.K. (2018). Associations between screen time and lower psychological well-being among children and adolescents: Evidence from a population-based study. *Preventive Medicine Reports*, 12, 271–283.

2章

クラウディア･ベンティーン　2014　皮膚: 文学史･身体イメージ･境界のディスクール　法政大学出版局

Michel Serres (1980). *Le Parasite*, Paris, Grasset.

メルロ=ポンティ(著) 1967　知覚の現象学1　みすず書房

塩田昇他　2008　セルフケアの神経機構:グルーミングにおけるラット前頭前野のセロトニン･ドーパミン動態　福岡県立大学看護学研究紀要,6(1),1-8.

Kwok,Y.L.A. et al. (2015). Face touching: A frequent habit that has implications for hand hygiene. *American J of Infection Control*, 43, 112-4.

延知奈美他　2018　VDT機器を使用した学習環境における疲労検知のための自己接触動作認識　教育システム情報学会誌, 35, 145-150.

鳥山悟他　2020　近赤外分光法を用いた顔肌への自己接触時の脳活動計測　日本感性工学会論文誌, 19, 255-261.

Grunwald,M. et al. (2014). EEG changes caused by spontaneous facial self-touch may represent emotion regulating processes and working memory maintenance. *Brain Research*, 1557, 111-126.

Kronrod,A & Ackerman,M. (2019). I'm so touched! Self-touch increases attitude extremity via self-focused attention, *Acta Psychologica*, 195, 12–21.

Boehme,R. et al. (2018). Distinction of self-produced touch and social touch at cortical and spinal cord levels. *PNAS*, 116, 6.

Faraji, J. et al. (2018). Oxytocin-mediated social enrichment promotes longer telomeres and novelty seeking. *eLife* 2018;7:e40262.

Deing, V. et al. (2013).Oxytocin modulates proliferation and stress responses of human skin cells: implications for atopic dermatitis. *Experimental Dermatology*, 22,6- S. 399-405.

＊本書は、二〇二一年に当社より刊行した著作を文庫化したものです。

草思社文庫

皮膚はいつもあなたを守ってる

不安とストレスを軽くする「セルフタッチ」の力

2024年2月8日　第1刷発行

著　　者　山口 創

発 行 者　碇 高明

発 行 所　株式会社 草思社

〒160-0022　東京都新宿区新宿 1-10-1
電話　03(4580)7680(編集)
　　　03(4580)7676(営業)
　　　https://www.soshisha.com/

本文組版　横川浩之

印 刷 所　中央精版印刷 株式会社

製 本 所　中央精版印刷 株式会社

本体表紙デザイン　間村俊一

ISBN978-4-7942-2705-8　Printed in Japan

ご意見・ご感想は、
こちらのフォームからお寄せください。
https://bit.ly/sss-kanso